ALTERNATIV HEILEN

Herausgegeben von Gerhard Riemann

Schlechtes Sehvermögen ist nicht nur eine Frage der Augenmechanik. Sehstörungen können zwar durch Hilfsmittel wie die Brille neutralisiert werden, ihre wahren Ursachen bleiben dabei jedoch unberücksichtigt.

Elke Werkmeister, die seit ihrem zehnten Lebensjahr kurzsichtig ist, beschreibt ihren Weg aus der »Verschwommenheit in die Klarheit« – von –6 Dioptrien zu praktisch Normalsicht von –0,5 bis –2 Dioptrien pendelnd. Dieser Weg bestand aus Arbeit an Körper, Geist und Seele. Die Autorin schildert ihre Erkenntnisse und die Möglichkeiten, die jedem offenstehen, um seine Sehkraft zu verbessern.

Folgende Techniken werden u. a. beschrieben: Atmen und Entspannen; Augenübungen nach Bates-Corbett; Integration der rechten und der linken Gehirnhälfte; Visualisation und Palmieren; Traumarbeit; Ernährungslehre und die Janet-Goodrich-Methode.

Dieses Buch wurde auf chlor- und säurefreiem Papier gedruckt.

Originalausgabe Februar 1995
© 1995 Droemersche Verlagsanstalt Th. Knaur Nachf., München
Das Werk einschließlich aller seiner Teile ist urheberrechtlich
geschützt. Jede Verwertung außerhalb der engen Grenzen des
Urheberrechtsgesetzes ist ohne Zustimmung des Verlages
unzulässig und strafbar. Das gilt insbesondere für
Vervielfältigungen, Übersetzungen, Mikroverfilmungen und die
Einspeicherung und Verarbeitung in elektronischen Systemen.
Umschlagillustration Susannah zu Knyphausen
Satz Ventura Publisher im Verlag
Druck und Bindung Ebner Ulm
Printed in Germany
ISBN 3-426-76077

5 4 3 2 1

Elke Werkmeister

Auf dem Weg in die Klarheit

Verwandlung durch Augenarbeit

An alle, die an meinem Selbstwerdungsprozeß beteiligt waren oder noch sind:

Bitte bedenkt, daß ich hier meine Sichtweise dargestellt habe und daß aus eurer Sicht heraus vieles sicherlich ganz anders ausgesehen hat, denn jeder Mensch lebt seine eigene Wirklichkeit.

Inhalt

Sehlehrerausbildung und Öffnung für Esoterik –
Lernprozeß Geld – Momente von spontaner Klarsicht –
Einbeziehung spiritueller Ideen und Techniken –
Partnerprobleme und ihre Bewältigung

Das Tor zum Unbewußten öffnet sich
Erfolgreiche Kurs- und Einzelarbeit – Nach innen
hören und sich einlassen – Positive Affirmationen –
Träume als Lebenshilfe – Altes loslassen – Klar-
traumvision und Erleuchtung – Phantasiereisen
und Visualisation – Ein neuer Mensch

Das Erkennen und Annehmen der inneren Führung
Anbindung an das »Hohe Selbst« – Transforma-
tionsprozeß – Visionen und Träume – Intuition –
Lektionen – Esoterik – Heilvisualisation –
Aktivierung des »dritten Auges« – Entgiftung
des Körpers durch Rohkost

Das totale Sichhingeben in die göttliche Führung
Vertrauen in die innere Führung – Das Leben
genießen – Gott – Sehnsucht – Einweihung –
Meditation – Reinkarnation – äußere Klarheit –
Annahme des Ist-Zustandes – Erleuchtung und
innere Klarheit

Einführung

»Wie sollten wir jener alten Mythen vergessen können, die am Anfange aller Völker stehen, der Mythen von den Drachen, die sich im äußersten Augenblick in Prinzessinnen verwandeln; vielleicht
sind alle Drachen unseres Lebens Prinzessinnen,
die nur darauf warten, uns einmal schön und mutig
zu sehen. Vielleicht ist alles Schreckliche im tiefsten
Grunde das Hilflose, das von uns Hilfe will.«
Rainer Maria Rilke

Hast du auch Lust, deinen Drachen zu erlösen?
Dann komm mit mir – ich zeige dir, wie.

Ich schreibe dieses Buch, um anderen Mut zu machen,
die an der Schwelle stehen, die Tür zu öffnen, und sich
auf den Weg einzulassen.
Wenn du es jetzt in der Hand hältst und diese Zeilen liest,
ist das ein Zeichen dafür, daß du an der Schwelle stehst
oder dich bereits auf dem Weg befindest. Der erste Schritt
ist immer der schwierigste, deshalb biete ich dir symbo-
lisch meine Hand, um dich ein Stück zu begleiten. Wie
Kinder, die sich in einen dunklen, unbekannten Wald
wagen; aber das eine kennt schon den Weg und ermutigt
das andere mitzukommen, in der Gewißheit der wunder-
baren Lichtung ganz tief drinnen im Wald. Der Lichtung,
in der sich eine neue Welt eröffnet, wie eine Zauberwelt,
von der du zwar immer etwas geahnt hast, aber nie ganz
sicher warst, ob sie wirklich existiert. Das begleitende
Kind – ich in diesem Fall – kennt die Lichtung schon, und
du erkennst an meiner Freude, die ich ausstrahle, daß sie
wirklich wunderbar sein muß. Ich erzähle dir in diesem

11

Buch von all den phantastischen Erlebnissen, die ich hatte, als ich mich auf den Weg machte, ohne zu wissen, ob die Lichtung wirklich existiert. Ich habe mich auf ein Wagnis eingelassen und bin ganz tief glücklich, es getan zu haben; denn ich bin reich belohnt worden: Mir sind – um in der Märchensymbolik zu bleiben – drei Wünsche erfüllt worden:

1. Ich lebe gesund und glücklich in Harmonie und Fülle.
2. Ich habe einen lieben Menschen an meiner Seite, der mich geistig, seelisch und körperlich begleitet und unterstützt.
3. Ich erlebe mehr und mehr Klarheit – äußerlich und innerlich.

Dabei schien es mir zu Anfang unmöglich, über die Schwelle zu treten, mich aufs Unbekannte, Dunkle einzulassen.

Ich bin eine Frau des 20. Jahrhunderts, rational, intellektuell, emanzipiert, Schützin: Was ich mir vorgenommen habe, erreiche ich auch! Meine Willenskraft ist stark, und sie führte mich durch die bisherigen Stationen meines Lebens:

– durch die Kindheit, an die ich mich ungern erinnere, weil ich mich sehr traurig und ängstlich fühlte, ohnmächtig dem Willen anderer ausgeliefert, die stärker waren als ich;
– durch die Schulzeit, in der ich ehrgeizig war und angestrengt, den Anforderungen von außen und meinen eigenen zu genügen;

- durch die Studienzeit, in der ich einen Hauch von Freiheit verspürte, allerdings eingeschränkt durch das männlich-linkshirnig orientierte Weltbild der Wissenschaftler;
- durch die Ehe, in der ich mit einer Ahnung von Liebeserfüllung ohnmächtig an romantischen Vorstellungen festhielt, während der Alltag und die nie zu stillende Sehnsucht wie ein unersättliches Raubtier die Hoffnungen verschlang;
- bis zum Aufbruch, dem zornigen Aufbegehren mit der Überzeugung: »Das kann doch nicht alles sein«, um endlich eine Ahnung zu spüren – wie ein freundlicher Herbsttag, der vor dem Winter noch ein Wunder verheißt – von dem, was mit dem Verstand nicht faßbar ist, der Energie, die zwischen den Welten schwingt und den Aufbruch zu neuen, nie geahnten Ufern veranlaßt.

Und an diesen neuen Ufern begegnete ich einer Frau, Janet Goodrich, die mich »Natürlich Besser Sehen« lehrte, eine wunderbare spielerische Methode zur Verbesserung des Sehens, eine Methode, die den ganzen Menschen auffordert, sich einzulassen mit Körper, Geist und Seele.
Es hat keinen Sinn, nur etwas »darüber zu lesen«; dabei bleibst du immer rational »darüber« schweben, ohne körperliche oder seelische Reaktionen zu erleben. Um eine Veränderung zu erreichen, ist es notwendig, dich wirklich total einzulassen auf diesen Weg.
Ja, es ist ein Weg, ein wunderbarer Weg aus der Sackgasse heraus, worin du dich vielleicht momentan in deiner Lebensweise festgefahren hast. Und ich bin bereit, dir

meinen Weg zu schildern, damit du erkennst, welche Wunder unterwegs auf den Wanderer warten, um ihn zu beglücken. Dein Weg sieht natürlich ganz anders aus als meiner, denn jeder Mensch lebt in seiner eigenen Wirklichkeit, aber das Prinzip ist das gleiche. So mache dich nun bereit, mich auf meiner Wanderung zu begleiten. – Halt, vorweg noch etwas geistigen Proviant einpacken: Worum geht es eigentlich bei »Natürlich Besser Sehen«? Diese Methode lehrt eine neue Art von Wahrnehmung. Die Augen werden als lebendige, veränderliche, von psychischen und physischen Faktoren abhängige Teile des Körpers betrachtet und nicht wie mechanische Optikgeräte. Das Sehen ist – genau wie andere Körperfunktionen auch – individuellen Schwankungen unterworfen, die von körperlichem und seelischem Befinden abhängen.

Brillen können also nur als Hilfsmittel dienen, um funktionelle Sehstörungen wie Kurz- oder Weitsichtigkeit zu korrigieren. Sie sind lediglich Krücken, die Symptome beheben, wobei die Ursachen unberücksichtigt bleiben. »Natürlich Besser Sehen« beschäftigt sich auch mit den Wurzeln der Sehschwierigkeit und hilft außerdem, Sehstörungen, wie zum Beispiel Alterssichtigkeit, vorzubeugen.

Du lernst, dich und deinen Körper in seinen Funktionen zu beobachten und wahrzunehmen, so daß du rechtzeitig bemerkst, wenn du beispielsweise in Streß oder Anspannung kommst. Und du erfährst Methoden, um diese Anspannungen zu lösen. Du beginnst deine Gefühle zu beobachten, sie als lebenswichtigen Teil deiner Existenz kennenzulernen, und du deckst den Zusammenhang von blockierten Gefühlen und blockierter Energie im Körper als Ursache deiner Muskelverspannungen auf.

Du wirst bemerken, wie wichtig dein Atem und auch deine Ernährung für die Qualität des Sehens sind. Da das Sehen nicht nur im Auge stattfindet, sondern die Harmonie des gesamten Organismus dabei eine große Rolle spielt, ist es wichtig, den Körper als Einheit zu erkennen und zu erleben, seine Bedürfnisse zu achten und dadurch die Selbstheilungskräfte zu stärken. Ja, letztendlich geht es um die Selbstheilung, um die Annahme der Verantwortung für die eigene Gesundheit. Es ist ein Weg zum Heilsein, wobei das Heilsein sich nicht nur auf den Körper bezieht, sondern auf die Gesamtheit von Körper, Geist und Seele. Gemäß dem Grundsatz »Das, was unten ist, ist gleich dem, was oben ist« ermöglicht die Heilung des Körpers auf einer anderen Ebene auch die Heilung der Seele und umgekehrt.

Um diese Heilung der Seele geht es in unserer Menschheitsentwicklung, um die *religio* – die Rückbindung an das Göttliche, das All-eins-Sein. Das ist der Kern unseres unbewußten Strebens, unserer Ent*wicklung*, unserer Sehnsucht. Das Heraus- oder Ent*wickeln* aus dem Stofflichen in das Geistige, Spirituelle, in die Klarheit hinein. Es geht um das Erwachen aus dem Traum, in welchem uns die sogenannte Realität gefangenhält, um das Lüften des Schleiers der Illusion, so daß wir die Wirklichkeit, das Wirken, das hinter der Materie steht, klarer erkennen können.

Auf welchem Weg wir das erreichen, ist egal, jeder Weg führt letztendlich dorthin, und wenn du es willst, findest auch du deinen eigenen Ent*wicklungs*weg.

Wenn du Probleme hast mit den Augen, kann die Beschäftigung damit auch für dich der richtige Weg sein, denn du findest deinen Weg meistens mit Hilfe deiner

Probleme. So verdamme diese nicht, sondern begrüße sie wie kritische Freunde, die gerade zur richtigen Zeit auftauchen, um dir weiterzuhelfen. Probleme entstehen immer dann, wenn du auf dem falschen Weg bist.

Sie verstellen dir den Weg, so daß du anhalten, sie anschauen, dich umschauen mußt, ob das, was du gerade tust, richtig ist. Oft genug veranlassen dich deine Probleme, einen anderen Weg zu suchen, auf dem du besser vorankommst. Wenn du dich wohl fühlst, dich wirklich innerlich und äußerlich wohl fühlst, dann bist du auf dem richtigen Weg, das sei dein Wegweiser.

Nun zurück zu »Natürlich Besser Sehen«: Auf der körperlichen Ebene geht es hauptsächlich um Atem, Entspannung und Bewegung. Durch Atmen und Entspannen werden Atem- und Körperverspannungen erkannt, der Energiefluß im Körper angeregt, die Durchblutung gefördert und Gifte abgebaut. Augenübungen lösen die Augen aus ihrer Starrheit und trainieren die Muskeln, um den Weg zur Sehverbesserung zu ebnen. Musik erleichtert die Bewegung, macht Freude und aktiviert den Energiefluß im Körper und in den Augen. Auch Farben und Düfte werden eingesetzt, um Energiemangel auszugleichen und Augen und Körper zu beleben.

Die Beschäftigung mit den Farben und das intuitive Malen verbinden die körperliche Ebene mit der emotionalen. Hier geht es darum, alte und neue Gefühlsblockaden aufzulösen, die das Sehen und andere Körperfunktionen beeinträchtigen. Dabei helfen Phantasiegeschichten, Visualisationen und Traumarbeit. Auch der Übergang in die mentale Ebene ist fließend; im Grunde greifen alle ineinander. Das wird noch verstärkt durch die Gehirnintegration, die bei »Natürlich Besser Sehen« einen wichtigen Platz einnimmt und die linke und rechte Hemisphäre des Gehirns zur Zusammenarbeit veranlaßt. Das bewirken kinesiologische Übungen und der Muskeltest. Durch diese Gehirnintegration werden Lernblockaden beseitigt und Streß reduziert, so daß die normalen Alltagsprobleme besser bewältigt werden können. Visualisation und Palmieren – das Abdecken der Augen mit den Handflächen – aktivieren die Gehirntätigkeit, das Vorstellungsvermögen und fördern die Selbstheilungskräfte.

Wichtig bei alldem ist, daß es freudig, mit Spaß und spielerisch vor sich geht. Gerade dieser Punkt hat mich auch besonders fasziniert in meiner Ausbildung bei Janet. Bis dahin war ich gewohnt, daß alles zu Lernende ein mühsamer Kraftakt sein mußte, verbissen und anstrengend mit Falten auf der Stirn, die sich bei mir auch schon einzeichneten. Plötzlich öffnete sich die Tür zu einem Raum, den ich noch gar nicht kannte: spielerisches Lernen mit Lachen, Liebe und Fröhlichkeit. So werden bei »Natürlich Besser Sehen« spielerisch neue Sehgewohnheiten entwickelt und ohne mühsames »Übungsprogramm« in den Alltag integriert.

Ich glaube, das reicht fürs erste als geistiger Proviant, unterwegs gibt es mehr, aber wir wollen den Rucksack nicht überladen, sonst wird das Wandern so mühsam. Wir werden noch viele Plätze finden, an denen wir uns neu beköstigen können: am plätschernden Wasser eines Baches, an den Beeren und Früchten des Waldes, an den wärmenden Strahlen der Sonne, dem Duft der Blumen und Bäume, dem Zwitschern der Vögel und dem Säuseln des Windes.

1. Stufe

»Freude ist Heilung! Schmerz und Traurigkeit führen in die Krankheit.«

Alte Volksweisheit

Nachts, während eines Bombenalarms, wurde ich geboren. Meine Mutter gab mich mit zwei Monaten zu meiner Großmutter aufs Land.

Dort wuchs ich mit meinem gleichaltrigen Vetter zusammen auf; die ersten Jahre lebten wir in einem Frauenhaushalt – die Männer waren alle im Krieg. Außer dem Vetter und seiner Mutter wohnten im Haushalt noch die unverheiratete Schwester meiner Großmutter und die jüngere – damals noch nicht verheiratete – lebenslustige Schwester meiner Mutter, die ich »Kicka« nannte und verehrte. Ich erinnere mich an Spiele in der höhlenartigen Geborgenheit unter dem Küchentisch und der geheimnisvoll-abenteuerlichen Atmosphäre auf dem Dachboden, die das Gefühl von Freiheit der ersten Jahre prägen. Meine Oma, eine strenge, schwarzgekleidete, religiöse Frau, verwöhnte mich. Ich saß oft auf ihrem Schoß und kuschelte mich an ihren weichen, warmen Busen. Sie nannte mich liebevoll »mein Hämmerlein«. Meine Tante, die Mutter meines Vetters – eine schöne, lebendige, sinnliche junge Frau –, nannte ich »Mama«, genau wie er auch.

Als ich fast drei Jahre alt und der Krieg zu Ende war, wurde es voll im Haus. Meine Mutter und mein Vater, der während des Krieges Marineoffizier gewesen und jetzt arbeitslos war, kamen zusammen mit meinem eineinhalb Jahre älteren Bruder, um im Haus der Großmutter eine Bleibe zu finden. Einige Jahre später kehrte auch mein Onkel, ein Uhrmacher- und Optikermeister, aus der Gefangenschaft zu seiner Familie zurück.

Meine jüngere Schwester wurde ein Jahr nach dem Krieg geboren.

Seit meine Familie mit uns zusammenlebte, hatte sich für mich vieles schmerzhaft verändert. Abgesehen von der Enge im Haus wurde besonders auch im emotionalen Bereich unsere vorherige Harmonie gestört. Ich durfte zu meiner Tante nicht mehr »Mama« sagen, sondern meine Mutter – eine bis dahin fremde Frau für mich – forderte herrisch die Anrede »Mutti« von mir. Mein Bruder mischte sich als Ältester tonangebend in unsere Spiele und störte unseren »Brüderchen-Schwesterchen-Frieden«; und meine Schwester entpuppte sich, als sie älter wurde, als verzogener, uns Ältere bei der Mutter anschwärzender Quälgeist. Als Jüngste wurde sie von allen verwöhnt und durfte sich vieles herausnehmen.

Ich litt unter diesen Zuständen; trotzig-hilfloses »Sichwehren« wurde von meiner Mutter mit Ohrfeigen, Schimpfen und Schlägen bestraft, und so zog ich mich mehr und mehr in mich zurück. Ich wurde ein artiges, stilles, träumerisches, in der Schule fleißiges, sich in Bücher- und Traumwelten flüchtendes Mädchen.

Mit zehn Jahren, kurz vor meinem Eintritt ins Gymnasium, bekam ich die erste Brille wegen Kurzsichtigkeit.

Von da an verschlechterten sich meine Augen immer mehr, so daß fast jedes Jahr eine neue Brille fällig war. Ich fühlte mich sehr unwohl und wie gezeichnet, da damals nur wenige Kinder Brillen trugen. In der Volksschule war ich die einzige und wurde deswegen gehänselt. Deshalb steckte ich sie oft in die Tasche, obwohl das verboten war, weil ich sie immer tragen sollte, und etliche zerbrachen mir.

Mein Onkel, der Optiker, sorgte immer für Nachschub und erklärte mir, die Augenschwäche sei erblich bedingt und meine Augäpfel seien zu lang, so daß der Brennpunkt vor der Netzhaut liege. Ganz verstand ich das nicht, da meine Eltern beide keine Brillenträger waren, aber er mußte es ja wissen, er war vom Fach und trug eine Brille. Ungefähr zur gleichen Zeit, als ich die Brille bekam, wurde ich auch pummelig, was meine Hemmungen und Andersartigkeit noch verstärkte. Die körperliche Unbeholfenheit zusammen mit der Sehschwäche machten mich unsportlich, worunter ich sehr litt. Beim Laufen war ich die Langsamste, und beim Springen sah ich aus wie ein Plumpsack.

Ich stolperte oft und fiel hin – meine Beine waren meistens zerschunden und die Knie öfters durch Sportunfälle ausgerenkt, weshalb ich häufig mit Knieverband und Gummistrumpf laufen mußte.

Mein erster Knieunfall passierte in der ersten Klasse des Gymnasiums. Als gute, brave Schülerin durfte ich unsere Malblöcke aus dem Zeichensaal im obersten dritten Stockwerk nach unten ins Parterre in die Klasse bringen. Ich tat das sehr gerne, weil es mir die Möglichkeit zu selbständigem Handeln und einen Hauch von Freiheit bot, den ich auskostete, indem ich von oben bis unten das lange gewundene Treppengeländer hinunterzurutschen pflegte. Offensichtlich hatte die Lehrerin davon Wind bekommen, denn eines Tages lauerte sie mir auf. Ich bekam einen fürchterlichen Schreck und versuchte abzuspringen, wobei sich ein Bein im Geländer verhakte und das Knie ausrenkte. Ich hatte fürchterliche Schmerzen, ein schlechtes Gewissen, bekam Schimpfe und Tadel und wochenlang ein geschwollenes Knie, welches seitdem nie wieder richtig heilte, sondern mir in der Folge öfter schmerzhafte Bettaufenthalte, kalte Umschläge und ekelhafte Punktionen bescherte.

Mein Ehrgeiz suchte nach Kompensationsmöglichkeiten, damit ich nicht völlig in meiner Bücher- und Traumwelt versank, und fand diese im Schwimmen. Ich wurde eine sehr gute Schwimmerin und errang während meiner Schulzeit etliche Siege für mich und meinen Verein. Das hob mein lädiertes Selbstbewußtsein enorm. Dort war ich anerkannt und geschätzt und nicht die Letzte, sondern oft die Erste. Mein Körpergewicht normalisierte sich – mit vierzehn Jahren war ich wieder schlank –, die Brille behielt ich allerdings, meine Augen wurden immer kurzsichtiger.

Als die neue Bundeswehr entstand, ging mein Vater wieder zur Marine zurück. Die ganze Familie zog nach Wilhelmshaven, als ich vierzehn Jahre alt war. Damit begann eine schwierige Zeit für mich. Ich hatte zwar schon seit vier Jahren offiziell mit meiner Familie im neuerbauten Haus gewohnt, hielt mich allerdings nach wie vor meistens im Haus meiner Großmutter auf, wo ich in Ruhe Schulaufgaben machen und meinen Interessen nachgehen konnte. In Wilhelmshaven wohnte ich in einem kleinen Zimmer mit meiner Schwester zusammen, und geheizt wurde nur das Wohnzimmer, in dem sich die ganze Familie aufhielt und wir drei Kinder auch unsere Hausaufgaben machten.

Dadurch entstanden viele Spannungen und Ärger, welchen meine Mutter auf die alte autoritäre Art »schlichtete«. Sie war es auch, die die Familie beherrschte und oft tyrannisierte. Mit meinem Vater entdeckte ich zwar Gemeinsamkeiten, hatte aber Schwierigkeiten, an ihn heranzukommen, da er bestrebt war, nach außen die korrekte Fassade zu bewahren. Ich fraß all den unverdauten Zorn in mich hinein und litt entsetzlich, denn ich war ja vorher verwöhnt gewesen durch die verständnis- und liebevolle Art und Zuwendung meiner Großmutter und ihrer Schwester. Oft fuhr ich mit meinem Fahrrad – blind vor Wut und Haß – ans Meer, um mich dort zu entladen. Ich schrie und weinte in den tosenden Wind, und es konnte außen gar nicht stürmisch genug sein, um dem Sturm in meinem Inneren standzuhalten.

Ich wurde ein aufsässiger, oppositioneller Teenager, und meine Eltern haben es bestimmt damals sehr schwer gehabt mit mir; aus Protest begann ich auch heimlich zu rauchen und Alkohol zu trinken. Meine Freundinnen und Freunde paßten ihnen nicht, und ich kleidete mich provokativ in sogenannte »Schlunzklamotten« – alte, dreckige, abgetragene, kaputte Militärparkas und damals noch verpönte Jeans. Ich hörte »Negermusik« und schwärmte für »nicht Gesellschaftsfähige« wie Sartre, James Dean und Elvis Presley.

Mit siebzehn Jahren lernte ich auf einer Ferienfahrt mit meiner Freundin in einer Jugendherberge einen abenteuerlich aussehenden, für meine Begriffe traumhaft Gitarre spielenden Kunststudenten kennen, in den ich mich verliebte. Trotz oder wegen der Verbote meiner Eltern vertiefte sich diese Beziehung über Zeit und Entfernung hinweg, so daß wir uns später, als ich in Hamburg studierte, dort wiedertrafen. Seine Zärtlichkeit, sein melancholisch-einfühlsames, sehnsuchtsvolles Wesen brachten in mir eine Saite zum Klingen, deren Schwingungen ich jahrelang schmerzlich vermißt hatte.

Nach dem Abitur begann ich mein Studium in Hamburg. Ich war froh, endlich fortzukommen von dem ungeliebten »Zuhause«. Wahrscheinlich bin ich nur deshalb nie »sitzengeblieben« in der Schule, um den Aufenthalt dort nicht noch zu verlängern.

Ich wollte Psychologie studieren; meine Eltern zwangen mir noch die Pädagogik auf. Meine Mutter war Lehrerin gewesen und der Ansicht, daß das der geeignete Beruf für mich sei. Sich wehren war zwecklos. Sätze wie: »Solange du deine Füße unter meinen Tisch stellst ...« hatten damals noch Gewicht.

Bevor das Studium begann und während der Semesterferien arbeitete ich oft im Krankenhaus, denn ursprünglich war es mein Wunsch gewesen, Medizin zu studieren, was meine Eltern aber abgelehnt hatten, weil das Studium zu lang wäre. Diese Tätigkeit ermöglichte es mir, einen Blick hinter die Kulissen des weißen Kittels zu werfen, wodurch mir die Fragwürdigkeit des Arztberufes schon damals offenbar wurde.

Das Studium war unbefriedigend für mich. Ich vermißte etwas ganz Entscheidendes, wußte aber damals noch nicht, was. Heute ist mir klar, daß mir die intuitiv-kreativen, praktisch orientierten Anteile fehlten, deren Potential unsere rechte Gehirnhälfte bereithält.

So suchte ich meine Befriedigung in der Zweisamkeit mit

meinem Freund und fand sie in unserer Liebe. Wir ver-
brachten eine unbeschwerte, frohe Zeit – bis meine Eltern dahinterkamen. Die Kleinlichkeit und der Zwang
des bürgerlichen Gewissens holten uns ein: wir mußten
uns verloben. Die Realität, die Vorwürfe und der drohend
erhobene Zeigefinger hatten mich wieder im Griff. Der
Geschmack der Liebe verlor seine Süße, ein Hauch von
der Bitterkeit der Zukunftsangst mischte sich hinein. Ein
Jahr später war ich schwanger – kein Arzt wollte mir die
Pille verschreiben, da ich ja »nicht verheiratet« war. Statt
dessen hielten sie mir Moralpredigten.

Wolfgang und ich heirateten, jetzt noch nicht einmal
gegen den Willen meiner Eltern, wie wir zynisch feststell-
ten. Die kurze Phase des Aufgehens in der Glückseligkeit
war zu Ende. Der Ernst des Lebens forderte seinen Tri-
but. Es galt, das Studium so schnell wie möglich abzu-
schließen, um für die kommenden Ereignisse gewappnet
zu sein, denn Wolfgang verdiente als junger Künstler sehr
wenig. Es begannen mühevolle Jahre voller Anspannung,
Streß und Hilflosigkeit. Mit dem Baby auf dem Arm
schrieb ich mehr schlecht als recht meine Examensarbeit.
Wolfgang war zwar ein zärtlicher Liebhaber, aber ein
ungeeigneter, obschon sich Mühe gebender Vater, der
mir kaum etwas abnehmen konnte.

Mein Versuch, mich dem verhaßten Schuldienst auszuliefern, scheiterte kläglich nach einigen Monaten in einem
Nervenzusammenbruch, verbunden mit einer Schulpho-
bie. Um Geld zu verdienen, kolorierte ich Stiche, wogegen meine überanstrengten Augen heftig protestierten,
und ich arbeitete unter anderem als Fotomodell und
Kleindarstellerin in verschiedenen Filmen, wohin ich
meinen kleinen Sohn Jens oft mitnehmen konnte. Dabei

störte auch keine Brille mehr, denn inzwischen marterte ich mich mit Kontaktlinsen, da ich einerseits meine Eitelkeit befriedigen wollte, andererseits laut Wolfgang durch die Brille die Ästhetik meines Gesichtes beeinträchtigt sei, was unzweifelhaft stimmte, denn die Gläser waren mittlerweile immer dicker geworden, und ich wollte ja »schön« sein. Wolfgang entwickelte sich mehr und mehr zum typischen Künstler; die Familie belastete ihn. Darüber konnten auch gemeinsame ausgedehnte Reisen im VW-Bus durch Europa nicht hinwegtäuschen.

Die Hautausschläge, unter denen ich von klein auf gelitten hatte und die sich in den letzten Jahren der liebevollen Zweisamkeit aufgelöst hatten, überfielen mich wieder stärker denn je. Wo ich mich nicht wehren konnte oder wollte, tat es meine Haut. Mein Hautarzt riet mir, nicht nur an die anderen zu denken, sondern öfter mal etwas Schönes für mich selbst zu tun. Ganz im Gegensatz zu meiner Schwiegermutter, die der Ansicht war, daß »zuerst die Augen der Familie leuchten« müßten, ehe ich meine eigenen Bedürfnisse wahrnehmen dürfe. Mein Einwand, wenn meine eigenen Augen nicht leuchteten, könnten auch die meiner Familie es nicht, wurde als egoistisch hingestellt und verdammt. Überhaupt mußte Egoismus für eine Frau wohl einer der schlimmsten Makel sein, nach ihren Ansichten zu schließen. Ich litt wieder einmal und fühlte mich als Opfer der Umstände.

Zum einen angeregt durch die Gespräche mit meinem Hautarzt, zum anderen indem ich Zeuge von Wolfgangs beglückendem Aufgehen in seiner künstlerischen Arbeit sein durfte, formierte sich mehr und mehr eine Idee in mir. Während meiner Schulzeit hatte ich mich am wohlsten im Kunstunterricht gefühlt, wenn wir mit Ton arbeiteten. Dann schienen meine Hände ohne mein bewußtes Streben selbständig, aus sich heraus die kompliziertesten und harmonischsten Formen zu gestalten. Dies waren Momente, in denen ich glücklich war. Ein zaghafter Versuch, den Wunsch zu äußern, nach dem Abitur eine Töpferlehre zu machen, war natürlich als unmöglich von meinen Eltern abgelehnt worden: »Wozu hast du denn Abitur gemacht?«

Der Wunsch, in einer beglückenden Tätigkeit mein Heil zu finden, wurde jetzt wieder stärker, und ich setzte ihn gegen alle realen und irrealen Widerstände durch. Ich fand eine verständnisvolle Meisterin, die meine Familiensituation berücksichtigte, da ihr Vater selbst Künstler war, und mir annehmbare Ausbildungsbedingungen anbot. Ich richtete mir eine Töpferwerkstatt ein und begann, an der Drehscheibe mit Ton zu arbeiten. Durch das Zentrieren des Tons auf der Scheibe zentrierte ich mich selbst, fand meine Mitte und verlor gleichzeitig meinen Hautausschlag. Mit der Zeit wurden meine Arbeiten immer besser und ich immer zufriedener und selbstbewußter.

Ich machte den Führerschein heimlich, weil Wolfgang der Ansicht war, Frauen sollten sich lieber im Auto fahren lassen, und entwickelte mich zu seinem Verdruß langsam zu einer »Emanze«. Entsprechende Freundinnen förderten die Entwicklung. Obwohl wir uns noch sehr liebten, kam es immer häufiger zu Meinungsverschiedenheiten und heftigen Auseinandersetzungen. Wir waren beide unzufrieden mit unserer Beziehung. Wolfgang fühlte sich eingeengt durch die Familiensituation, die seine freie künstlerische Entfaltung behinderte, und litt daran, daß er mich nicht wie Pygmalion nach seiner Vorstellung gestalten konnte; ich fühlte mich wie in eine Zwangsjacke gepreßt durch seine starren patriarchalischen Vorstellungen von Ehe, Familie und Frausein.

Meine Hautausschläge blühten neu – ich ging wieder in Rebellion. Ich begann, ab und zu allein für einige Tage zu verreisen – was er für sich sogar wochenlang als selbstverständlich forderte, es bis jetzt allerdings noch nicht verwirklicht hatte – und suchte Bestätigung bei anderen Männern. Seine Migränen und Depressionen wurden häufiger, aber nach außen spielte er den Charmeur. Ich verausgabte meine Energie, um ihm zu helfen, indem ich ihn bei Laune hielt und bestätigte. Wenn es ihm wieder gutging, himmelte er dann irgendeine schöne fremde Frau an. So verwickelten wir uns immer mehr in unsere Spiele, und der Knoten schnürte sich fester und fester.

Ich verliebte mich schließlich in einen seiner Freunde, der praktisch seinen Gegenpol darstellte und dessen Liebe und Lebensfreude mir die Kraft gaben, Wolfgangs Launen und Depressionen zu ertragen und zu lindern. Eine Zeitlang ging es mir besser, und es schien uns allen dreien damit geholfen zu sein.

Dann verrenkte ich mir beim Tanzen wieder mein lädiertes Knie – aber diesmal verheilte es nicht problemlos, sondern mußte operiert werden. Dieser Unfall verursachte eine Wende in meinem Leben, denn die Operation war erfolglos – ich mußte an Krücken laufen, und ein zweiter chirurgischer Eingriff stand bevor. Parallel dazu spitzte sich unsere »Ehe zu dritt« immer mehr zu und wurde unerträglich für jeden von uns. Dementsprechend stiegen natürlich auch mein Zigaretten- und Alkoholkonsum. Als auch die zweite Operation ohne Erfolg blieb, fiel ich ein tiefes psychisches Loch, und langsam dämmerte es mir, daß es »so nicht weitergehen konnte«. *Ich* konnte so nicht weitergehen! Mein Körper demonstrierte es, meine Beine versagten mir den Dienst.

Monatelang tobten Kämpfe in meinem Inneren, ehe ich mich entschloß, aus unserem gemeinsamen Atelier auszuziehen. Als ich den inzwischen achtjährigen Sohn Jens fragte, was er davon hielte, faßte mich der kleine Kerl an der Hand, schaute zu mir hoch und sagte: »Mami, laß uns sofort losgehen.« Ich war wie vor den Kopf geschlagen, wie blind ich gewesen war!

Wolfgang war irgendwo im Mal- oder Angelurlaub; als er zurückkam, hatte ich ein eigenes Auto – einen klapprigen alten R4 – und eine eigene Werkstattwohnung, klein und ein dunkles Loch, aber bezahlbar und mein. Da ich immer noch an Krücken ging, war ich beim Umzug auf die Hilfe meiner Freunde angewiesen; doch es klappte alles. Ich wunderte mich sowieso, warum plötzlich alles so reibungslos ablief. Trotz Wohnungsnot und wenig Geld hatte ich auf Anhieb genau die Wohnung bekommen, die ich brauchte. Mir war klar, daß Wolfgang mich nicht finanziell versorgen würde – bis auf den Unterhalt für Jens. Ich war auch des Kämpfens müde, und so stürzte ich mich, ohne weiter viel nachzudenken, in das kalte Wasser der Selbständigkeit.

Trotz meiner Gehbehinderung konnte ich gut schaffen, da meine Drehscheibe elektrisch lief. Bei Schwierigkeiten bekam ich Hilfe, und der Ertrag aus Töpferkursen sorgte für das monatliche finanzielle Minimum. In dieser Zeit machte ich eine sehr wichtige Erfahrung, nämlich, daß immer dann, wenn ich denke, ich sei am Ende – körperlich, seelisch oder finanziell –, etwas Entscheidendes passiert, das mir weiterhilft.

Ein neuer Auftrag, ein unvorgesehener Kunde, der etwas kauft, eine neue zündende Idee oder Menschen, die Freude und Hilfe bringen – so schlitterte ich immer knapp an der Verzweiflung vorbei und begann, mein neues Leben und meine Selbständigkeit zu lieben. Ursprünglich war meine Idee gewesen, irgendwann wieder mit Wolfgang zusammenzuleben, aber je länger ich allein mit Jens wohnte und arbeitete, desto klarer zeichnete es sich ab, daß wir beide nicht wieder zurückwollten. Ich registrierte auch erstaunt, daß, je mehr ich mich innerlich von Wolfgang löste, sich auch die Lösung von seinem Freund in mir vollzog, was ich nie für möglich gehalten hätte, denn ich war süchtig nach ihm.

In diese Zeit fällt die Entscheidung – nach langem inneren Ringen – für die dritte Knieoperation. Der Professor, selbst niedergeschlagen wegen der zwei Fehlschläge, hatte mich in sein Vertrauen gezogen und weitere Vorgehensweisen mit mir zusammen beraten. Diese Operation wurde erfolgreich. Nach jahrelangem Krüppeldasein erlebte und genoß ich den Balsam einer langsamen Besserung. An eine vollständige Heilung wagte ich allerdings gar nicht zu denken, zumal mir Schonung angeraten und die Aussicht eröffnet wurde, ich müsse damit rechnen, zwanzig Jahre später im Rollstuhl zu sitzen. Trotzdem, oder gerade deshalb, erwachten neuer Lebenswille und neue Lebensfreude in mir, und ich stürzte mich, innerlich jubelnd, in ein neu geschenktes Leben.

2. Stufe

Der Körper läßt sich ein

> »Es gibt nur einen einzigen Tempel auf
> dieser Welt, und das ist der menschliche
> Körper. Nichts ist geheiligter als diese
> edle Gestalt.«
>
> *Novalis*

Als ich in meine kleine Wohnung einzog, hatte ich mir
fünf Jahre dort zugestanden. Bis dahin wollte ich eine
größere, hellere Behausung finden. In diesen Jahren
baute ich mich einigermaßen auf – körperlich, seelisch
und beruflich. Mit drei TöpferkollegInnen gründete ich
eine Ateliergemeinschaft: »Die Töpfergruppe«. Wir hatten unseren Verkaufsraum zuerst in Blankenese, später
im neuen »Haus für Kunst und Handwerk« in Hamburg.
Durch die fruchtbare Zusammenarbeit bekam ich neue
Impulse und Auftrieb. Gemeinsame und Einzelausstel-
lungen ließen mich erste Erfolge schnuppern.
Daneben partizipierte ich an Wolfgangs langsam wach-
sendem künstlerischen Erfolg, indem wir gemeinsame
Ausstellungen inszenierten. In der Distanz und Selbständigkeit verstanden wir uns gut und befruchteten uns
künstlerisch gegenseitig. Die Spannungspunkte hatten
sich gelöst. Wir fühlten uns frei für neues Leben, neues
Lieben und behielten trotzdem eine enge Bindung zu-
einander. Ich etablierte mich langsam und begann mein
neues Leben zu genießen.

Im Jahre 1978 besuchte ich zum erstenmal meine alte Schulfreundin, die nach Kanada ausgewandert war. In diesen Wochen erlebte und genoß ich die Großzügigkeit und Weite nicht nur der Landschaft, sondern auch der Gastfreundschaft der Menschen dort. Ich glaube, wenn ich nicht Jens in Deutschland gewußt hätte, wäre ich dageblieben.

Nach Hamburg zurückgekehrt, erschien mir die Stadt plötzlich wie ein Käfig voller Neurotiker. Ich strebte hinaus aufs Land. Ein Kunstfreund vermietete uns schließlich günstig zwei Zimmer in einem unbewohnten alten Landhaus an der Ostsee. Ich war glücklich und fasziniert von diesem surrealistisch anmutenden Haus und seinem Standort auf einem Hügel, umstanden von hohen Laubbäumen. Immer wenn ich dort war, sah ich in den fast leeren, unbewohnten Räumen schemenhafte Gestalten auftauchen und wie in Filmszenen agieren, tonlos, ernsthaft, leidenschaftlich.

Die Träume meiner Kindheit holten mich hier wieder ein, und jedes Wochenende sowie in den Ferien belud ich meinen R4 mit Stadtkindern und Proviant und fuhr hinaus. Wir streiften durch die Wälder, machten Feuer im Kamin und lasen Geschichten vor, bewarfen uns mit welkem Laub und sägten Holz zum Heizen. Dort waren wir alle wie Kinder, was wir sehr genossen. Bald richtete ich mir einen zweiten Arbeitsplatz ein und mochte gar nicht mehr in Hamburg sein. Mein damaliger Freund Volker bestärkte mich in der Idee, ganz aufs Land zu ziehen.

Ich wußte, daß es ein Wagnis war, meine gerade gefundene berufliche Stabilität aufzugeben, aber die Sehnsucht nach Licht und Luft war stärker.

So wurde ich nach den mir selbst gesetzten fünf Jahren in meiner Wohnung Miteigentümerin eines schnuckeligen Reetdachhäuschens in Nordfriesland, und nach einem Jahr harter Arbeit – es war im Ausbau – zogen Jens und ich mit unserem neuen Hund Rocky und unseren zwei Katzen dort als erste ein. Wir lebten die ersten Jahre auf einer Baustelle – die Arbeit hörte nicht auf, die Kosten auch nicht.

Jede Woche fuhr ich für einen Tag nach Hamburg, um dort Töpferkurse und Ladendienst in unserem Töpfergruppenatelier zu machen. Trotz harter Arbeit und wenig Geld waren wir glücklich.

Das Stadtkind Jens lebte auf und genoß es, beim benachbarten Bauern zu helfen und auf dem Trecker zu fahren. Der »verrückte« Volker überredete mich, mit Freunden zusammen ein kleines Segelboot zu kaufen, und wir erlebten einen traumhaft-abenteuerlichen Segelsommer auf der Nordsee, den wir mit selbstgezogenem »Gras« (Marihuana) noch verklärten.

Beim Herumturnen auf dem Boot wunderte ich mich, wie gut mein Knie das alles mitmachte, welches ich eigentlich schonen sollte. Ich führte diese wunderbare Besserung auch auf die Begegnung mit einer Heilerin zurück, die es vor einigen Jahren mal in Hamburg behandelt hatte.

Einer meiner Freunde beschäftigte sich damals schon mit Esoterik, meditierte und unternahm Reisen in den Fernen Osten. Ich lauschte gebannt seinen Erzählungen, die in meinen Ohren wie Märchen aus Tausendundeiner Nacht klangen. Er überredete mich eines Tages, mein unheiles Knie von einer befreundeten Heilerin behandeln zu lassen. Obwohl ich mir nichts davon versprach – was soll schon passieren, wenn jemand nur die Hand darauf legt, nachdem sogar Operationen versagt hatten? –, ließ ich mich darauf ein.

Als die große, stattliche Frau das Zimmer betrat, schien mir, als ob der ganze Raum von ihr erfüllt sei. Das verursachte mir ein wenig Beklemmungen, vor allem als sie sich mir näherte und mir fast die Luft wegblieb. Sie schaute mich mit einem warmen, lieben Blick an und bewegte ihre Hand in einigen Zentimetern Abstand langsam über meinem Knie hin und her. Obwohl ich es nicht glauben wollte, spürte ich etwas wie einen Strom von Wärme und Kribbeln, der hindurchfloß und sich in meinem ganzen Körper ausbreitete. Nach einigen Minuten, als sie ihre Hand wegnahm, brach ein tiefes Schluchzen aus meinem Inneren hervor, und sie barg mich einfach ganz selbstverständlich an ihrem großen, warmen Busen. Völlig verwirrt verließ ich die Wohnung meines Freundes, und erst unten an der Haustür, nachdem ich zwei Treppen hinuntergestiegen war, fiel mir auf, daß ich ganz normal von einer Stufe zur anderen gegangen war, was mir bis dahin ein Ding der Unmöglichkeit schien. Ich mußte immer ein Bein nachziehen, weil ich das Knie nicht beugen konnte. Ungläubig ging ich eine Treppe wieder hoch und begann den Abstieg von neuem – wieder ganz normal, das Knie beugte sich und ermöglichte es mir, etwas wackelig zwar, aber wieder wie ein gesunder Mensch zu laufen. Ich war überglücklich, und von dem Moment an beschleunigte sich die Heilung rapide.

Daraufhin begann ich, mich selbst für solche bis dahin unheimlichen Dinge zu interessieren. Ich verschlang die Castaneda-Bücher und las über Schamanen und Medizinmänner bei den Indianern. Ich glaube, in der Natur zu sein sowie die Weite und Klarheit der nordfriesischen Landschaft beschleunigten meine innere Öffnung, denn es war, als wenn eine Tür für mich aufging: Ein bekannter Rutengänger pendelte unser Haus aus und erzählte von Pyramiden- und Runenenergie; ein philippinischer Wunderheiler schneite ins Haus und blieb eine Zeitlang bei uns – trotz Chaosbaustelle – wohnen.

Ich durfte bei seinen Behandlungen übersetzen und erlebte wundersame Dinge, die ich kaum fassen konnte. Er lehrte mich meditieren und erzählte viel über seine Arbeit. Ein thailändischer Mönch las mir aus der Hand. Er erzählte Erstaunliches aus meiner Vergangenheit – was alles stimmte – und eröffnete mir eine positive, erfolgreiche Zukunft.

Während eines Heilungsgottesdienstes in einer kleinen Kirche über dem Meer traf ich die Heilerin wieder, die mein Knie so erfolgreich behandelt hatte. Ich war gerührt und glücklich, sie zu sehen, und nahm das erstemal seit meiner Konfirmation – ich war aus der Kirche ausgetreten, da sie meine Fragen nicht lösen konnte – wieder am heiligen Abendmahl teil. Als sie und der Pastor meine Stirn zum Segen berührten, durchlief mich ein Schauer von oben bis unten, und ich konnte mich kaum auf den Beinen halten. Als Kind war ich sehr fromm gewesen und stete Besucherin des Kindergottesdienstes und einer kirchlichen Jugendgruppe, bis ich enttäuscht aufgab, weil ich mit meinen Fragen allein blieb. Damals gründete ich mit Freundinnen zusammen einen Hilfsbund, der es sich zur Aufgabe machte, jeden Tag etwas Gutes zu tun. Als Jugendliche wandte ich mich enttäuscht von Gott ab und wurde Atheistin.

Kurz vor Weihnachten im ersten Jahr in Nordfriesland, nachdem alle Ausstellungen und Aufträge erfolg- und streßreich abgeschlossen waren, fuhr mir jemand frontal ins Auto. Obwohl die Geschwindigkeit beider gering war, blieb von meinem R4 nur ein Schrotthaufen übrig, und ich lag im Krankenhaus mit Bänderrissen, Quetschungen und einem Schock.

Nach der Operation mußte ich noch wochenlang zu Hause liegen – im einzigen bewohnbaren Raum unserer Chaosbaustelle (was mich ganz kaltließ) –, und ich hatte Zeit, mir Gedanken zu machen und wieder esoterische Bücher zu lesen. Es beschäftigte mich die Frage, ob es außer unserer »realen« Wirklichkeit noch etwas anderes gibt und wo der Zugang dazu ist.

Ich begann mich wieder intensiver mit meinen Träumen auseinanderzusetzen – eines meiner Hauptthemen während des Studiums – und hatte Visionen beim Meditieren.

Eine Freundin aus Hamburg, die mich besuchte, erzählte von einem Druiden in Österreich, bei dem sie in den Osterferien ein Seminar mitmachen wollte. Da wußte ich sofort intuitiv, daß auch ich an dem Seminar teilnehmen wollte. In Hamburg schon hatte ich Kontakt gehabt mit Scientology, Bhagwanideen und einem indischen Guru-Ashram, aber es berührte mich nicht tiefer. Doch jetzt war mir mit einem Mal klar: »Das ist es!«, allerdings ohne es begründen zu können. Trotz vieler äußerer Widerstände war ich Ostern mit Rucksack, Zelt und Bergstiefeln – worin der frischoperierte Fuß steckte – in Österreich und wurde von stahlharten, klaren blauen Augen durchbohrt. »Wenn du es wirklich willst, schaffst du es«, sagte Anton, wie wir den Druiden nannten, in bezug auf meinen noch nicht gesunden Fuß. Und weiter: »Weshalb hast du dir den Unfall zugefügt? Wozu brauchst du ihn?« Fragen, auf die ich damals nur wütend und verständnislos reagieren konnte.

So hart, wie es anfing, ging es weiter; aber ich ließ mich nicht entmutigen. Erst als wir oben im Wald waren, gab er mir eine Heilsalbe für meinen Fuß, die Wunder wirkte. Trotz Temperaturen unter Null lebten wir draußen im Wald in Zelten um ein großes Feuer herum, ernährten uns von einem Kanten Brot und Wasser, was wir alles hinaufgeschleppt hatten. Die »Lehrzeit« begann: hart, direkt, praktisch und effektiv. Wir wurden schonungslos entlarvt. Unsere Selbstlügen, hinter denen wir uns ein Leben lang versteckt hatten, zerfielen in Wut und Tränen.

Eines Abends, als wir ums Feuer saßen – er saß mir gegenüber –, sagte Anton plötzlich: »Elke, was ist mit deinen Augen? Die Aura in dem Bereich ist total gestört.« Ich fühlte mich wie ertappt und durchschaut. Hatte ich doch mit den Kontaktlinsen so phantastische, fast unsichtbare Krücken gehabt. Aber es ging noch weiter: »Weshalb bist du kurzsichtig? Was willst du nicht sehen?« Voller Wut versuchte ich mich zu verteidigen, aber er wandte sich einfach jemand anderem zu und ließ mich allein …

Es hat viele Monate gedauert, bis ich den Mut hatte, mich auf mein Augenproblem einzulassen und ihn darauf anzusprechen. Er hielt mir ein Tablett vors Gesicht und sagte: »Das ist dein Zustand. Du hast ein Brett vor dem Kopf. Verbringe den ganzen Tag so, dann wird dir vielleicht etwas klar.«

Mir wurde vieles klar. Später hielt er mir eine Klangschale

vor die geschlossenen Augen, schlug sie an und befahl mir, sie so lange zum Klingen zu bringen, bis ich ihren Klang mit den Augen »hören« könne. Ich verbrachte Stunden mit der Klangschale vor meinen Augen.

Es kommt mir so vor, als ob ich viele Jahre seine Schülerin war, ich weiß es nicht genau, aber real können es nicht mehr als zwei Jahre gewesen sein.

Es war alles so komplex, es gab so vieles, was ich erfuhr. In dieser Zeit lernte ich mich und die Welt ganz neu kennen. Wir trafen uns an Wochenenden in der Umgebung von Hamburg und in den Ferien in Österreich. Es war schwierig, neben allem anderen noch die Ausbildung zu finanzieren, aber ich schaffte es, denn »ich wollte es ja wirklich«. Warum ich es eigentlich wollte, war mir gar nicht so ganz klar, denn er war hart und grausam – schien mir. Viele Schüler blieben weg, oft schon nach einem Tag, was ich nicht verstand, denn ich bekam langsam immer mehr Durchblick. Er riß mir schonungslos meine Maske vom Gesicht und offenbarte mich nackt und hilflos mir selbst und den anderen.

Die Erlebnisse sind kaum wiederzugeben, da ihre Wirkung im Erleben, im Begreifen begründet ist. Ich lernte, eins zu sein mit der Natur, mich als ein Teil von ihr zu erleben und ihre Kräfte zu erfahren, was im »Sich-un-sichtbar-Machen« gipfelte. Ich machte mich mit Wünschelrute und Pendel vertraut und lernte, mit Magie umzugehen. Ich »redete« mit Naturwesen und Geistern und lernte »zaubern«. Ich lernte Karten legen, Runen werfen, mit Edelsteinen und den Händen heilen und Heilsalbe herstellen. Ich lernte Zeichen und Symbole deuten und »dahintersehen«, was bedeutet, die Wahrheit hinter Masken und Worten zu entschleiern. Ich lernte

Kultplätze entdecken, ihre Kräfte erspüren und vieles mehr.

Es waren alles nur Angebote, was wir daraus machten, lag bei jedem selbst. Wir sollten nicht konsumieren, sondern selbständig, kreativ und intuitiv arbeiten lernen und die Ethik in allem, was wir taten, finden.

Ich begriff Rituale und erfuhr ihre Wirkung. Bei einem »Feueropfer« habe ich meine Faulheit geopfert. Das war ein Fehler, ich bin seitdem immer fleißig! Einmal, als wir damit beschäftigt waren, »Aura sehen« zu lernen, sah ich mich plötzlich als kleines Mädchen mit traumhaft verlorenem Blick auf einem Stuhl meiner Großmutter sitzen. Ich bewunderte die Farben, die um die anwesenden Menschen herum und zwischen ihnen hin und her wogten.

Dadurch wurde mir bewußt, daß ich schon als Kind ganz intuitiv Auren sehen konnte, diese Fähigkeit aber später, als ich mich mehr und mehr dem realen Leben anpassen mußte, verlor. Jetzt, als erwachsener Mensch, mußte ich es mühsam wieder lernen.

Einer meiner wichtigsten und »erleuchtendsten« Erfahrungen war folgende: Wir sollten uns alle ganz schön machen. Die Gruppe bestand aus zirka fünfzehn Schülern. Volker und ich wurden nach einem etwas merkwürdigen Verfahren ausgewählt, um eine Zeremonie zu leiten. Wir wußten gar nicht, was für eine, wurden auch nicht aufgeklärt.

Ich hatte sowieso immer das Gefühl, vieles nicht zu wissen und zu begreifen, und steckte meistens in der Verwirrung. Da Verwirrung aber gut sein sollte, weil sie den Verstand, also die linke Gehirnhälfte, ausschaltet, ergab ich mich drein und begann nach bekanntem Muster und Intuition eine inhaltlose Zeremonie zu leiten.

Volker war noch hilfloser als ich und machte mir alles nach. Anton sagte zu ihm: »Du dackelst ihr hinterher wie ein Hündchen.« Da wußte ich, daß unsere Trennung bevorstand.

Zuerst machten alle mit, doch plötzlich tauchte Anton auf, verkleidet wie ein Teufel, und boykottierte die Zeremonie. Außerdem befahl er allen anderen auch irgendwelche Boykottmaßnahmen, die sie befolgten.

Ich versuchte trotzdem weiterzumachen, was natürlich sinnlos war, und wurde immer hilfloser. Als niemand mehr auf mich hörte, sondern, wo irgend möglich, mir Knüppel zwischen die Beine warf, steigerte ich mich in Wut. Niemand reagierte. Ich begann zu schmollen und verzog mich in die Schmollecke.

Da kamen alle und forderten mich auf weiterzumachen. Ich reagierte nicht – sie wurden drängender. Anton gab ihnen heimlich Hinweise. Ich blieb sitzen – sie begannen an mir zu zerren und zu puffen. Ich wehrte mich wütend; es war schon lange kein Spiel mehr, sondern spontanes Erleben. Sie verspotteten mich und malten sich die schlimmsten Dinge aus, die sie mir antun wollten. Ich war offensichtlich in ihrer Gewalt – es waren fast alles Männer, die Frauen hielten sich zurück.

Ich weinte und schrie vor Zorn, Wut und Hilflosigkeit. Anton war nicht zu sehen. Sie trugen mich ins Bad und steckten mich unter die kalte Dusche. Ich traute ihnen inzwischen alle Bosheiten zu, deren Menschen fähig sind. Ich tat einen Blick in den Abgrund der menschlichen Seele und schauderte. Ich hatte keine Angst, nur Wut, Zorn und Scham wegen meiner Hilflosigkeit. Sie schleppten mich – patschnaß in Kleidern – hinaus und wälzten mich im Schnee, stopften mir Schnee in den Mund, ins Gesicht, in den Hals, in den Rücken ...

Plötzlich schien die Zeit stillzustehen, ich hörte das Geschrei wie aus weiter Ferne, fühlte nichts mehr, keine Wut, keinen Schmerz, keine Hilflosigkeit, keine Kälte, gar nichts mehr. Mir war alles egal. Vielleicht war ich einen Moment außerhalb meines Körpers. Ich gab mich auf – einfach so, gefühllos, wie selbstverständlich. Dann merkte ich, daß alle weg waren – ich lag da im Schnee allein, und dann brach tief aus meinem Inneren ein Lachen, ein dröhnendes, tosendes, kraftvolles Lachen. Ich wälzte mich im Schnee und lachte, lachte, lachte. Sprang dann auf, wie von einer Schleuder geschnellt, und stürzte mit drei Sätzen hinein, sah sie alle dastehen, schweigend, bedrückt.

Ich stürzte auf Anton zu, fiel ihm um den Hals und wirbelte ihn herum, nach wie vor laut und kraftvoll lachend. Nie vorher habe ich eine solche Energie aus mir herausbrechen gefühlt.

Antons blaue Augen strahlten mich an. Er umfing mich fest und sagte: »Da kannst du mal sehen, welche Kraft in dir steckt.«

»Ja!« schrie ich, lachte weiter und wirbelte durch die ganze Gruppe. Ich merkte an den betretenen Gesichtern, daß sie alle nichts begriffen. Vielleicht dachten sie, ich sei verrückt geworden. Aber ich wußte es: Der Damm war gebrochen, der Deckel zerstört, der jahrelang meine Gefühle und Energie heruntergedrückt hatte. Ich war tief glücklich. Seitdem macht mir nichts mehr angst, seitdem verfüge ich über ungeahnte Kraft und Gefühlsintensität; ich habe die Kraftquelle in mir wiederentdeckt. – Nach diesem Erlebnis bekam ich weder eine Lungenentzündung noch eine Erkältung.

Meine Lehrzeit bei Anton-Raborne beendete ich mit dem Gefühl, daß es erst mal reicht, daß alles sortiert werden muß. Die Früchte konnte ich erst später ernten. Ein Zeichen und ein Traum halfen mir, die Entscheidung zu treffen. Das Zeichen: Wir kamen zum verabredeten Ort zum festgesetzten Zeitpunkt, und das Tor war verschlossen, niemand da, keine Spuren im Schnee. Der Traum: Ich befinde mich in einem Kellergewölbe zusammen mit einem alten Mann, der einen Kapuzenmantel (Druidenmantel) trägt und dessen Gesicht ich im Dunkeln nicht erkennen kann. Er trägt ein riesiges Schlüsselbund. Ringsherum sehe ich verschlossene Türen. Er fordert mich mit einer Geste auf, ihm zu folgen, und schließt eine der Türen auf. Er stößt sie weit auf, aber als ich hineingehen will, hält er mich zurück und geht zur nächsten. Mit dieser verfährt er genauso und anschließend mit all den anderen, bis alle Türen geöffnet sind. – Die erschlossenen Räume muß ich nun allein erkunden.
All die nächsten Jahre war ich damit beschäftigt, die Schätze in den geöffneten Räumen zu entdecken, mir anzueignen – und ich bin es heute immer noch.
Es liegt ganz bei mir, welchen Schatz ich zu heben bereit bin und welchen ich lieber liegenlassen möchte.

Volker hatte sich inzwischen mit Spielautomaten selbständig gemacht, was ich im Grunde ablehnte. Trotzdem unterstützte ich ihn, indem ich zwei Tage die Woche in seiner neugepachteten Kneipe arbeitete, obwohl unsere Beziehung schon bröckelte. Er hatte sich neu verliebt.

Mir war immer klar gewesen, daß unser Zusammensein begrenzt sein würde. Der Altersunterschied war zu groß, er war fast vierzehn Jahre jünger als ich, und dadurch war ich ihm erfahrungs- und wissensmäßig überlegen, worunter er litt. Er war mir in diesen Jahren eine liebevolle Begleitung und große Hilfe gewesen, vor allem auch für die Erziehung von Jens, der in der Pubertät steckte. Wir haben viel Spaß zusammen gehabt und viele verrückte Dinge gemeinsam erlebt. Er hat meinen Horizont erweitert und mir geholfen, meine Wertungen abzubauen. So löste ich mich von ihm, weil er es nicht konnte, und gab ihn frei.

Den Lösungsprozeß durchlebte ich in drei schmerzvollen Tagen zusammen mit Rocky, meinem Hund. Ich war dazu an einen starken Platz gefahren, der sich mir später als alter Kultplatz offenbarte. In der Druidenausbildung hatte ich gelernt, Entwicklungen, die nicht aufzuhalten sind, durch Verstärkung zu einem schnellen Abschluß zu bringen. Dieses Wissen kam mir jetzt zugute. Ich ließ mich vollkommen ein auf den Schmerz des Loslassens, erlebte den reinen Schmerz – ohne Wut, ohne Angst, ohne Eifersucht, ohne Haß, ohne Selbstmitleid –, als er sich steigerte und anschwoll wie ein Geschwür, welches irgendwann aufplatzt und ausrinnt und rinnt und rinnt und rinnt … So lange, bis es ausgeronnen und kein Schmerz mehr da ist.

Danach war ich leer, gefühllos und frei!

3. Stufe

Erweckung der Strahlkraft

>»Was der Mensch denkt, wird er;
dies ist das ewige Geheimnis.«
Die Upanischaden

Nach meiner Trennung von Volker wurde ich von ihm
und seiner neuen Freundin gebeten, mich um ihren
verlassenen Mann zu kümmern, dem es schlechtginge.
Doch als ich ihn besuchte, empfing er mich freudestrah-
lend und sagte: »Da bist du ja endlich. Ich bin schon seit
Jahren verliebt in dich, und du merkst es nicht.«
Mir fiel es wie Schuppen von den Augen, ich nahm
ihn bewußt wahr, und eine wunderbare Beziehung begann.
Ich hatte ihn kennengelernt, als ich das erstemal mit
Volker nach Nordfriesland fuhr, um das in der Zeitung
angebotene Reetdachhäuschen zu besichtigen, welches
wir später kauften. Wir waren nach der Hausbesichtigung
durch die Marschlandschaft Richtung Meer gefahren, als
ich ihn plötzlich bat, vor einem auf dem Deich gelegenen
Friesenhaus anzuhalten. Als er mich fragend anschaute,
sagte ich: »Da möchte ich mal hineingehen«, und da er
derartige Spontanhandlungen von mir kannte, folgte er
mir. In diesem Haus lebte Manni, ein großer, blonder,
blauäugiger Nordfriese, mit seiner Wohngemeinschaft.
Wir wurden freundlich begrüßt und mit Tee bewirtet;
und erst nach einer Stunde, nachdem wir über vieles

gesprochen hatten, fragte man uns, wen von ihnen wir denn besuchen wollten …

Später im Auto sagte ich zu Volker: »Wo solche Menschen leben, kann ich auch leben.«

Und jetzt wurde dieser Manni mit dem klaren, freien Blick mein Lebensgefährte. Nach zwei gemeinsamen Reisen entschlossen wir uns, zusammenzuleben und ein Haus zu kaufen – denn seins war nur gemietet, und der Eigentümer wollte selbst dort einziehen –, obwohl ich im Grunde des Bauens müde war und eigentlich nur Ruhe wollte. Meine Haushälfte war gerade fertig geworden, und ich hätte ohne großen finanziellen Aufwand in Ruhe mit Jens von meiner Keramik dort leben können. Ich rang drei Monate mit mir, ehe ich mich für ein gemeinsames Leben und ein anderes Haus mit Manni zusammen entschied. Den Ausschlag gaben eindrückliche gemeinsame Visionen und Erlebnisse, die uns zeigten, daß wir etwas Wichtiges miteinander zu klären hätten.

Nun hieß es wieder loslassen, was mir schwerfiel, denn ich hatte viel Liebe und Mühe und jahrelange Arbeit in dieses Häuschen gesteckt. Wir fanden recht bald »unser Haus«, obwohl wir es eigentlich nicht finanzieren konnten; aber der Bauer, dem es gehörte und dem wir einfach die Wahrheit über unsere finanziellen Verhältnisse erzählt hatten, kam uns entgegen, so daß wir es erwerben konnten. Als wir das erstemal in die Hofeinfahrt gefahren waren, hatte ich zu Manni gesagt: »Das ist unser Haus.« Er jedoch schaute mich nur ungläubig an und sagte: »Das wäre schön, aber das können wir nie bezahlen.«

Nun gehörte er uns – ein großer, in der Flußmarsch gelegener, zirka 25 Jahre alter Resthof mit großen Fenstern und baumumstanden, einsam und ruhig gelegen.

Ein Paradies, genau das, was ich mir immer gewünscht hatte, denn das alte Haus, das ich bewohnte, war zwar hübsch, aber dunkel mit kleinen Fenstern und dicht an einer befahrenen Straße gelegen.

Das Wohnhaus war sofort beziehbar, die Stallungen bauten wir in einem harten Jahr zu Werkstätten um. Eine zweite Wohnung im oberen Geschoß vermieteten wir, um die Zinsen der Hypothek zahlen zu können. Der sonstige Abtrag war zumutbar für uns beide.

Die Fahrten nach Hamburg hatte ich inzwischen sehr eingeschränkt, denn »Die Töpfergruppe« hatte sich aufgelöst. So begann ich, mir den nordfriesischen Markt zu erschließen, indem ich regionale und Atelierausstellungen in meiner jetzigen großzügigen Arbeitsstätte veranstaltete.

Jens hatte zwar noch ein Zimmer bei uns im Haus, lebte aber inzwischen auf einer Hallig, wo er eine Lehre als Krabbenfischer machte. Dadurch fühlte ich mich befreit von einer großen Verantwortung und begann wieder, mich intensiver mir selbst zu widmen.

Anton hatte mir klargemacht, daß alle Krankheiten im Grunde heilbar seien. So auch Fehlsichtigkeit. Nachdem die Barrikade, mich auf mein Augenproblem einzulassen, überwunden war, hatte ich mit Augenübungen begonnen. Es war allerdings problematisch, mich ohne Brille oder Kontaktlinsen zu bewegen, wie er mir geraten hatte. Ich empfand mich als fast blind und fühlte mich von der Welt ausgeschlossen, da ich außerhalb eines Meters alles nur verschwommen wahrnahm. Vor allem der Kontakt mit Menschen war schwierig, da ich ihre Gesichtszüge und Mimik nicht erkennen konnte. Als

Anleitung für die Übungen benutzte ich zuerst *Das Augenübungsbuch* von Lisette Scholl –, später auch *Natürlich Besser Sehen* von Janet Goodrich und andere.

Ich begann auch, ein »Augentagebuch« zu führen. Die damalige Situation und meine Gedanken schildert am besten ein Auszug daraus:

»Es scheint alles ganz folgerichtig. Zuerst bei Anton der leise Hinweis darauf, daß Kurzsichtigkeit wie alle Krankheiten heilbar sei. Meine Opposition dagegen, mein festgefügtes Weltbild des Sichhineinfügens in diesen Zustand der Hilflosigkeit – nur mit den Krücken der Kontaktlinsen oder Brille überhaupt an der Welt teilnehmen, teilhaben zu können – aufgeben zu müssen, zu wollen ... ich bin ganz schön hartnäckig.

Es dauerte viel zu lange bis zu der Frage nach Hilfe an Anton. Es war ein Schritt, aber ein entscheidender: einzusehen, selbst etwas verändern zu können, wenn ich bereit war, mich selbst und meine eingefahrenen Verhaltensmuster in Frage zu stellen; ja, mir zu gestatten, einzusehen, daß ich auf dem falschen Weg bin, mir selbst etwas vormache. Und nun fing ich wieder ganz von vorn an.

Mein festgefügtes Gebilde aus Selbstbewußtsein, Stolz, Erfolg und scheinbarer Glückseligkeit stürzte zusammen wie ein Kartenhaus. Die Worte Antons mit der umfassenden Geste, die das ganze Haus und die dort lebenden Personen mit einbezog, verfolgten mich wie wispernde Geister aus allen Ecken: ›Das alles hier ist doch eine Lüge, siehst du das denn nicht?‹ – Nein, ich sah es nicht.

Endlich begriff ich: Ich konnte nicht sehen!

Die Brillen sind brauchbare, die Kontaktlinsen perfekte Krücken, die mich darüber hinweggetäuscht hatten, daß ich blind bin! Erst in dem Moment, als alles wie aus heiterem Himmel zusammenbrach, wurde mir mein Zustand der Blindheit bewußt – und das rüttelte mich auf, etwas zu unternehmen. Ich begann, mich mit dem Zustand des ›Nichtsehenkönnens‹ zu beschäftigen. Fragen entstanden: Seit wann trägst du deine Brille? Was ist damals um dich herum passiert, was du nicht sehen wolltest? Was hinderte dich die ganzen darauffolgenden Jahre daran, deinen Zustand in Frage zu stellen. Und so weiter.

Der nächste Hammerschlag, den ich erhielt, war das Buch Krankheit als Weg von Thorwald Dethlefsen, das mir noch einen gründlichen Schuß vor den Bug verpaßte. Aber nun war die Sperre gebrochen. Ich wollte mich mit meiner Schwäche auseinandersetzen und mein Sehen verändern. Ich wollte wieder sehen lernen.

Die Hilfeleistung dazu bereitete ich mir unbewußt selbst, indem ich eine Kontaktlinse dort verlor, wo sie eigentlich gar nicht verlorengehen konnte, und ich mir nach einer Stunde vergeblichen Suchens schwor, sie in den Kasten zu packen und mich endlich meiner Blindheit zu stellen. Natürlich fand ich danach sofort die verlorene Linse; aber ich brachte es fertig, beide in die Schachtel zu verbannen und meine verhaßte Brille hervorzukramen; denn ich wußte, es würde eine Zeitlang dauern, ehe ich in der Lage wäre, ganz ohne Hilfsmittel auszukommen.

Die Brille – wie viele habe ich zerbrochen als Kind oder verloren als Erwachsene –, der verhaßte Gegner meiner Eitelkeit, natürlich unterstützt von den Aussagen anderer, daß eine Brille mir nicht steht, die Gesichtslinie sich ungünstig verändert, ich aussähe wie eine Lehrerin oder Intellektuelle. So ließ ich mich durch meine Umwelt festlegen.

Und nun holte ich dieses Folterinstrument meiner Kindheit und Jugend bewußt wieder hervor. Wenn ich sie nicht unbedingt brauchte, legte ich sie beiseite, um mich mit der Verschwommenheit um mich herum zu konfrontieren. Ich machte die Erfahrung, daß ich ohne Brille an nichts teilhaben konnte, was außerhalb des Ein-Meter-Radius vor sich ging; ich konnte die Gesichter der Menschen nur verschwommen wahrnehmen und nicht in ihren Gesichtszügen lesen – und das bei meiner Neugierde! Auch der Dreck um mich herum war unsichtbar für mich, obwohl ich wußte, daß er da war.

Lesen konnte ich, aber nur mit Anstrengung und baldigen Ermüdungserscheinungen. Ich erinnerte mich daran, daß ich als Kind, bevor ich eine Brille tragen mußte, mich in Scheinwelten flüchtete, in Bücher, die ich heimlich bei Taschenlampenlicht unter der Bettdecke las, damit meine Schwester mich nicht verpetzte, und in Tagträume, bei denen ich mich mit verlorenem, starren Blick in andere Welten gleiten ließ. Außerdem erinnerte ich mich an entzündete Augen und Schwierigkeiten beim Sehen. Wenn ich die Brille jetzt trug, spürte ich ihren Druck unangenehm auf der Nase. Sie verrutschte und beschlug, wenn ich von draußen ins Warme trat. Bei Regen wurde sie naß, kurz, ich wurde weiterhin am richtigen Sehen gehindert. Die Menschen meiner Umgebung sprachen mich darauf an, weil sie an mir keine Brille gewöhnt waren, und ich war mir permanent bewußt, daß die Brille mich nicht verschönerte. Trotzdem trug ich sie mit dem Bewußtsein, daß ich erst bereit wäre, etwas wirklich verändern zu können bzw. zu wollen, wenn der Leidensdruck sehr groß war, wenn ich wieder bereit wäre, meine Umwelt so zu akzeptieren, wie sie ist, mir nichts mehr vorzumachen.

Manni war mir bei alledem eine große Hilfe. Er bestärkte mich darin, die Kontaktlinsen wegzulegen und mich zur Brille zu bekennen, indem er mir klarmachte, daß er mich so liebt, wie ich bin, ob mit oder ohne Brille. Außerdem konfrontierte er mich ständig mit meinen Selbstlügen; das heißt, er zeigte mir meine Schwächen und machte mich auf Situationen aufmerksam, in denen ich mir etwas vormache. So kam ich langsam dazu, wenigstens erst mal mich selbst realistisch zu sehen. Das ist der *erste wichtige Schritt auf dem Weg zur Sehverbesserung. Und getreu dem Motto ›Es gibt für alles den richtigen Zeitpunkt‹ wartete ich einfach ab. Ich wußte, daß es weitergehen würde, wußte aber auch, daß ich nichts erzwingen kann, was noch nicht reif ist.«*

Meine ersten Augenübungen* waren das »Umzeichnen«, wobei ein Gegenstand mit dem Blick immer wieder umfahren wird, das »Schwingen«, wo der Oberkörper sich von einer Seite zur anderen dreht und die Augen die Umgebung vorbeigleiten lassen, die Arbeit mit der Sehkarte (große und kleine Buchstaben) und das »Palmieren«, während dessen die Augen zur Entspannung mit beiden Handflächen abgedeckt werden. Beim »Umzeichnen« lernen die Augen, bewußt eine Linie mit geöffneten und geschlossenen Augen zu verfolgen; so zeichnen sich mit der Zeit die Umrisse schärfer ab, und die Vorstellungskraft verstärkt sich.

Fehlsichtige Augen neigen zum Starren und wollen alles angestrengt mit einem Blick erfassen. Sie haben Angst vor der Bewegung. Deshalb dienen viele Augenübungen dazu, die Augen aus ihrer Starrheit zu befreien und beweglicher zu machen. Dazu ist das »Schwingen« besonders hilfreich, da es die Augen mit der Zeit ans Loslassen gewöhnt.

Die Arbeit mit der »Sehkarte« hilft, fixieren zu lernen und den Blick zu konzentrieren. Besonders die spielerische Beschäftigung mit den Buchstaben, die ich später bei Janet lernte, hat mich begeistert, weil dadurch die Verbissenheit des Übens aufgehoben wird.

* Die Übungen werden im Anhang beschrieben.

Beim »Palmieren« können sich die Augen nicht nur in der dunklen, warmen Geborgenheit der Handflächen entspannen, sondern werden gleichzeitig durch die bewußt ausgestrahlte Heilenergie positiv beeinflußt.

Neben den Übungen lernte ich, mich zu entspannen, und beschäftigte mich mit meinem Atem (siehe Anhang). Dabei merkte ich, wie flach und unregelmäßig ich atmete, daß er stockte, wenn ich mit etwas Unvorhergesehenem konfrontiert wurde oder einen Schreck bekam, daß ich nur im oberen Brustkorb atmete und meine Schultern ganz verspannt waren. Ohne den tiefen gleichmäßigen Atem kann die Energie im Körper nicht fließen, können die Gifte nicht abgebaut werden, denn das Ausatmen entgiftet, und so leiden auch die Augen unter mangelhaftem Energiefluß und werden schlechter. Sie werden trüb, glanzlos und verlieren ihre Strahlkraft.

In meinem »Augentagebuch« habe ich die folgenden Begebenheiten und Überlegungen festgehalten:

»Ich bemühe mich, möglichst oft ohne Brille zu sein, möglichst viel ohne Brille zu machen, um mich permanent mit meinem ›Nichtsehen‹ auseinanderzusetzen. Es ist ungeheuer mühsam, da ich alles verschwommen wahrnehme und nichts genau erkennen kann, sei es draußen, beim Lesen, beim Abwaschen oder beim Arbeiten. Die Welt um mich herum entfernt sich von mir, ich bin mehr oder weniger isoliert, setze mich notgedrungen mit mir selbst auseinander, da ich keinen Zugang zu meiner Umgebung habe. Nachdem ich die ersten Augenübungen gemacht hatte, bemerkte ich erst die Verspannungen um meine Augen. Indem ich sie bemerke, weiß ich, daß ich sie lockern kann, um damit irgendwann zu besserem Sehen zu gelangen. Zu Anfang erwartete ich natürlich Erfolge nach jeder Übung und mußte enttäuscht fest-

stellen, daß dem nicht so ist – im Gegenteil, oft habe ich nach Übungen den Eindruck, alles noch verschwommener zu sehen. Aber andererseits wird mir auch bewußt, daß das Sehen zu unterschiedlichen Zeiten unterschiedliche Qualität hat. Es verändert sich, also kann es sich auch auf Dauer verbessern. Ich bin sehr positiv, muß allerdings aufpassen, den Übungen nicht zuviel Gewicht beizumessen und nicht zuviel auf einmal zu machen. Ich nehme an, daß die Übungen hauptsächlich wichtig für die Augenbeweglichkeit und für die Befriedigung des Verstandes sind – nach dem Motto ›Ohne Fleiß kein Preis‹. Der eigentliche Heilvorgang geschieht durch andere Dinge: durch Veränderung des Bewußtseins, der Einstellung und durch den heilenden Energiefluß, der beim Palmieren aus den Handflächen in die Augen fließt, was ich als besonders wohltuend empfinde. «

Einige Zeit später schrieb ich dann:

»Nun habe ich schon eine Zeitlang mehr oder minder intensives Üben hinter mir. Ich bemerke bei allen Übungen die Anstrengung, denen die Augen unterworfen sind. Andererseits ist es wunderbar festzustellen, wie bewußt sie sich hinterher entspannen können. Ich spüre die heilenden Energien meiner Handflächen, die auf die verspannten Augenmuskeln wirken; außerdem wie oft ich mich überfordere beim Sehen. Plötzlich wird mir bewußt, wie häufig mein Gesicht vor Anstrengung angespannt und wie wohltuend die bewußte Entspannung ist. Es tut mir auch gut, festzustellen, daß ich Fortschritte mache. Zu Anfang war es fast unmöglich, ein eben gesehenes Bild vor meinem inneren Auge zu reproduzieren. Das geht jetzt schon recht gut. Heute habe ich für Sekunden eine Verbesserung der Sehschärfe bemerkt, was mir sehr gutgetan hat, da ich schon recht verzweifelt war und annahm, das Sehen wird immer schlechter.

Während der Entspannung ist mir bewußt geworden, womit meine Sehverschlechterung zusammenhängt. Die Anfänge fallen unmittelbar in die Zeit, in der ich mit meinen Eltern umzog in das neue Haus, nun richtig zur Familie gehören sollte und mich damit auseinandersetzen mußte. Ich wurde nicht länger von Oma beschützt, sondern steckte in der Konfrontation mit meiner Mutter und meinen Geschwistern, die ich bis dahin nur am Rande wahrgenommen hatte. Diese verbündeten sich oft gegen mich, und ich verkroch mich in meine Traumwelt und Bücher. Dort wurde ich häufig brutal von meiner Mutter herausgerissen, so daß ich anfing, heimlich zu lesen – auf dem Klo oder unter der Bettdecke oder zwischen den Schulbüchern. So begannen die Lügen. Wie verkrampfte ich mich vor Schreck, wenn ich entdeckt wurde. Ich wußte, daß ich unrecht tat, und bestrafte mich selbst dafür, indem das, was mir am liebsten war, das Lesen, immer schwieriger für mich wurde, indem meine Augen sich immer mehr verschlechterten. Diesen Schreck und die Verkrampfung – verbunden mit stockendem Herzschlag – erlebte ich wieder, als ich einmal zur Entspannung auf dem Bett lag, Schritte hörte, die Tür sich öffnete und Manni hereinkam. Da wurde mir der Zusammenhang klar, denn ich wußte ja, daß ich keinen Schreck zu kriegen brauchte, daß er es mir nicht übelnahm, wenn ich dort lag und mit mir beschäftigt war.

Ich habe ein Recht dazu, Dinge zu tun, die ich tun möchte, und ich stehe dazu und habe vor niemandem mehr Angst. Ein Schild an der Tür mit der Aufschrift ›Bitte nicht stören!‹ verschafft mir in Zukunft die Ungestörtheit, die ich brauche.«

Und wiederum etwas später schrieb ich:

»Voller Freude bemerke ich nach den Übungen mit der Karte und dem ›Palmieren‹ spontane Sehverbesserungen. Ich fühle richtig,

wie die Augen beginnen, sich zu entspannen. Besonders stark ist
das Gefühl im linken Auge, welches wesentlich schlechter ist als
das rechte. Ich bin sicher, daß ich mit der Zeit mein Sehen
verbessern kann.
Wenn ich mich nicht anstrenge, klar zu sehen, setzt die Entspan-
nung ein, und es wird klarer. Es ist scheinbar widersinnig, aber
es läuft so. Das ist eine wunderbare Erfahrung.
Wahrscheinlich habe ich mich verkrampft bemüht, klarer zu
sehen, weil mir vieles unklar war – besonders als Kind auch im
übertragenen Sinne –, und daher entstand die Verspannung. Ich
erinnere mich, daß ich die komplizierten, schwierigen Verhältnis-
se meines Elternhauses bemerkte – es gab viel Streit –, aber nicht
verstehen konnte und mich deshalb wohl zu sehr angestrengt
habe, alles zu sehen, um zu verstehen, und ich sah es doch nie
richtig. Im Gegenteil, es wurde immer unklarer, weil ich immer
verbissener wurde. Ich muß mich jetzt bemühen, nicht sehen zu
wollen, sondern die Dinge absichtslos in mich hineinkommen zu
lassen, einfach aufnehmen, nichts erzwingen wollen – in jeder
Hinsicht. Ich will lernen, alles einfach passieren zu lassen, nicht
mehr vorbestimmen, dirigieren zu wollen, mich erst zu stellen,
wenn es soweit ist, und dann akzeptieren, was ist, und erken-
nen.«

Bald nahm ich weitere Übungen in mein Programm auf.
Vor allem das »Sonnenbaden« (siehe Anhang) tat mir
sehr gut, wobei die geschlossenen Augen um die Sonne
kreisen, um die heilenden Sonnenkräfte in die Augen
und den Körper aufzunehmen. Ich fühlte mich anschließend sehr wohl und energetisch, und die Augen glänzten.
Die »Fusionsübungen« waren zu Anfang sehr anstrengend für mich, da meine Augen gezwungen wurden,
einen bestimmten Punkt zu fixieren. Zwei Finger werden

hintereinander im Abstand von zirka 15 Zentimetern vor das Gesicht gehalten, und der Blick wechselt von einem zum anderen. Später – um den Abstand zu vergrößern – benutzte ich ein langes Tau mit dicken Knoten darin. In Janets Ausbildung »spielten« wir mit bunten Holzperlen, was mir besser gefiel.

In mein »Augentagebuch« schrieb ich:

»Ich bemerke, wenn ich die Augenübungen mache, daß meine Augen schon lockerer, freier geworden sind; daß sie sich schneller auf die Übungen einstellen können. Das ist ein kleines Gefühl von Fortschritt. Beim wirklichen Sehen ist der Fortschritt wesentlich geringer, ja so wechselhaft, daß ich kaum von Fortschritt sprechen mag. Ich bewege mich weitgehend ohne Brille und komme auch ganz gut klar damit. Ich habe mich sozusagen an meine verschwommene Umwelt gewöhnt.

Manchmal verunsichert es mich, daß ich die Menschen nicht genau sehe, manchmal stärkt es mich, da ich auf ihre Reaktionen nicht eingehen muß. Ich sitze wie in einer festen Burg – vielleicht ist auch dies ein Schutz, den ich mir als Kind zugelegt habe.

Mir tauchen immer mehr verdrängte Erinnerungen aus meiner Kindheit auf, die mir Aufschluß geben über meinen inneren Rückzug, der sich äußerlich im schlechten Sehen zeigte. Da ich oft zu Unrecht bestraft wurde ohne die Möglichkeit zur Verteidigung, wurde ich verstockt und bockig. Die schnellen Schritte meiner Mutter, wenn sie auf das Zimmer zukam, wurden zum Alptraum. Die Verspannung und Abwehrreaktion auf die darauffolgenden Ohrfeigen, die sie wahllos verteilte, ohne zu fragen, wurden zum Auslöser für die Ängste, die die Augenmuskulatur verspannte. Schon die Vorstellung, sie könnte kommen und mich wieder bei etwas Verbotenem (meistens Lesen) erwischen, führte

zur Dauerverkrampfung, die die Augen immer mehr einengte.
Außerdem verstand ich das alles nicht, da ich mir im Grunde
keiner Schuld bewußt war. Daher Rückzug in die Burg der
Isolation: nicht sehen, nicht sprechen, nicht hören. Der Satz
›Kannst du denn nicht hören!‹ hallt mir noch im Ohr.
Das war damals. Inzwischen hat sich zum Glück vieles verändert.
Ich erlaube mir, aus meiner Burg herauszukommen, mich frei zu
präsentieren. Die Ängste sind verschwunden. Ich kann tun und
lassen, was ich will – ohne Angst und Schuldgefühle. Ich bin jetzt
sicher, ich werde wieder klar sehen. Die Schranke ist weg, ich kann
den Weg zurückgehen. Es wird ziemlich lange dauern, denn
dreißig Jahre Felsbrocken, Stacheldraht und Dornengestrüpp aus
dem Weg räumen dauert. Aber ich werde es schaffen. In Momen-
ten blinkt es schon klarer in meinen Augen. Ich bemerke beim
›Palmieren‹ ein wohltuendes Kribbeln um die Augen – die
Muskeln arbeiten, sie beginnen ihre Anspannung loszulassen.«

Da es günstig ist, eine reduzierte Brille zu tragen (zu zirka
80 Prozent auskorrigiert), um den Augen die Möglichkeit
zur Verbesserung zu geben, probierte ich meine alten
noch vorhandenen Brillen aus. In ziemlich kurzer Zeit
konnte ich drei Brillenstärken zurückgehen, ohne
Schwierigkeiten zu bekommen. Das war ein großer Erfolg; er machte mich glücklich und bestärkte mich.
In meinem »Augentagebuch« steht:

»Ich habe schon lange ausgesetzt mit dem Augentraining, da ich
durch Umzug und Bauen weder Zeit noch Ruhe fand. Nun habe
ich wieder begonnen – in Maßen, da immer noch arbeitsbedingt
wenig Zeit übrig ist. Die äußeren Umstände für mein Sehen sind
viel besser geworden: große helle Räume, viel Licht und Sonne
und Plätze rund ums Haus herum, wo ich ungestört arbeiten

kann. Kein Psychostreß mehr – ich fühle mich wohl. Schon nach den ersten Übungen hier konnte ich eine wesentliche Verbesserung meiner Augen feststellen. Zeitweise – besonders abends – sind sie natürlich wieder schlechter; aber im großen und ganzen ist meine Sehkraft schon wesentlich besser geworden. Ich bin inzwischen bei meiner Teenie-Brille gelandet, mit der ich Abitur gemacht habe, und sie ist völlig ausreichend. Die Fassung sieht witzig aus, und Manni zieht mich auf damit, aber was soll's. Inzwischen bin ich davon überzeugt, daß die hauptsächliche Sehverbesserung aus der Psyche erfolgt. In dem Maße, wie das ›Wissen‹, das ich als Kind hatte, verdrängt werden mußte, in dem Maße ist auch mein klares Sehen verdrängt worden. Wenn ich das geistige klare Sehen wieder voll erlangen kann, sehe ich auch optisch wieder klar. Ich arbeite daran. «

Einige Monate später schrieb ich die folgenden Sätze in mein »Augentagebuch«:

»Durch die viele Arbeit kann ich mich selten meinen Augenübungen widmen. Zwischendurch mache ich immer wieder kleine Übungen, die mir gerade einfallen. So kann ich als Beifahrerin während des Autofahrens gut das ›Umzeichnen‹ üben, oder ich konzentriere mich auf die unterbrochenen Linien auf der Straße und lasse immer eine nach der anderen auf mich zukommen. Dabei fiel mir auf, daß ich die Linien doppelt sehe, und zwar weiter auseinander, je weiter sie entfernt sind. Genauso ist es mit den Straßenbegrenzungspfählen. In der Ferne sehe ich ganz deutlich zwei gleichwertig nebeneinanderstehen, die immer enger aufeinander zukommen, je geringer die Entfernung wird. Endlich, zirka 10 Meter vor mir, verschmelzen sie miteinander. Daß mein hauptsächliches Sehproblem diese Doppelsichtigkeit ist, wird mir erst recht bewußt, wenn ich nach der Augenmeditation – dem

›Palmieren‹ – alles deutlich schärfer sehe, aber eben doppelt, ganz klar doppelt. Ich habe offensichtlich Fusionsprobleme, also werde ich mich in Zukunft auf ›Fusionsübungen‹ konzentrieren. Es ist sogar so, daß die Doppelbilder nicht durch die beiden Augen, sondern in jedem für sich entstehen. Das kann ich mir anatomisch nur durch die Hornhautverkrümmung erklären, wodurch zwei Bilder auf die Netzhaut projiziert werden.

Außerdem fiel mir auf, daß das Sehen sehr wechselhaft ist, mal sehe ich gut und mal auffallend schlechter. Nun hängt das sicherlich mit unterschiedlichen Lichtverhältnissen zusammen, aber bestimmt auch mit meinem persönlichen Befinden.

Die Arbeit an der Drehscheibe kann ich inzwischen weitgehend ohne Brille ausführen, was mir vor einem Jahr noch unmöglich erschien. Ich arbeite dadurch konzentrierter und langsamer, und die Gefäße gelingen besser. Das erfreut mich sehr. Alles in allem beschäftige ich mich jetzt bewußt mit meinen Augen und ihrer Sehschwäche, und ich glaube, daß schon allein das sehr wichtig ist, nicht nur die Übungen. Ich erlaube meinen Augen, klar sehen zu können, und irgendwann werden sie es tun. Es dauert eine Zeitlang, mein Denken und Bewußtsein dahingehend zu verändern, daß ich mir überhaupt zumuten will, klar zu sehen.«

Astigmatismuskorrektur – also Zylindergläser – sollten möglichst ganz aus der reduzierten Brille herausgelassen werden oder zumindest stark vermindert, da sich Astigmatismus nachweislich dauernd verändert. Durch das Zylinderglas werden die Augen genau in diesen Winkel gezwungen, und das verstärkt die Verspannung und Starrheit. Von einem Optikermeister erfuhr ich, daß 0,5 Dioptrien für Astigmatismus sowieso normal sind und auf keinen Fall korrigiert werden sollten.

Zwei Monate später, nachdem ich die Übungen eine

Zeitlang nicht gemacht hatte, schrieb ich ins »Augenta-gebuch«:

»Ich habe meine Augenübungen wieder aufgenommen – systema-tisch. Ich stehe morgens früher auf (verkrieche mich also nicht mehr im Bett), mache konsequent die Übungen, obwohl eine Menge anderer Arbeit anliegt. Das Geld ist knapp, Arbeit gibt es viel – und trotzdem: Ich will es und ich tue es!

Das Sehen war erwartungsgemäß wieder schlechter geworden, jetzt erlebe ich Schritt für Schritt Erfolge, die mir Zuversicht und Gewißheit geben, daß es klappt. Für einen Lidschlag kann ich manchmal ganz klar sehen – ein Haus in der Ferne oder einen entfernten Buchstaben oder eine ganz klare Horizontlinie –: es ist also möglich!

Erfahrungen: Durch ›Umzeichnen‹ möchte ich den verschwom-menen Rand eines Bildes immer schärfer sehen, und er tritt langsam immer klarer hervor.

Ich lasse meine Augen in die ›Tagtraumstellung‹ gleiten, und plötzlich sehe ich scharf. Das Träumen war während der Kindheit also meine Flucht in die Entspannung. Das Sehen wurde immer schlechter, weil ich keine Möglichkeit der Entspannung mehr hatte, das Träumen wurde mir verboten – kein Recht auf Ent-spannung. Permanente Verspannung durch Angst und Heim-lichkeiten. Flucht in die Lügen.

Dabei ist es im Grunde so einfach – jetzt als Erwachsene das zu machen, was ich will. Es ist schließlich mein Leben, welches ich lebe, nicht für irgend jemand anderen.«

Es ist wichtig, zu wissen, daß die Sehverbesserung Schwan-kungen unterworfen ist, daß es wie eine Wellenbewegung zwei Schritte vor und einen zurück geht. Das gehört zu den Harmoniegesetzen des Lebens, denn Bewegung ist

Leben. Also verliere nie den Mut, sondern mache immer weiter. Lege dir ein »Augentagebuch« an, um dir deine früheren Erfolge immer wieder ins Bewußtsein zurückzuholen. Wenn du dich ohne Brille bewegst, achte darauf, daß du nicht die Augen zusammenkneifst, um klarer zu sehen. Stelle dich deiner Verschwommenheit und akzeptiere sie. Nimm nur das wahr, was du in deinem momentanen Zustand erkennen kannst, und habe Geduld – die Welt wird sich auch dir öffnen, wenn du bereit bist, dich zu öffnen.

Einige Tage später konnte ich meinem »Augentagebuch« von einer bemerkenswerten Verbesserung berichten:

»Es ist Wahnsinn: Ich kann sehen! Von drei Metern Entfernung aus kann ich die kleinen Buchstaben auf der Karte lesen, dort, wo sonst immer nur ein grauer, verschwommener Block war. Es ist nicht zu fassen, es klappt! Ich merke, wie sich die Augen wie bei der Fotolinse langsam auf ›scharf‹ einstellen – genau wie ich es geträumt habe. Ich habe es gewußt, es ist großartig. Mein Gott, ich danke dir, ich beginne, klar zu sehen!«

Wiederum drei Tage später verzeichnete ich die folgenden Fortschritte im »Augentagebuch«:

»Es ist faszinierend, drei Tage lang hatten wir Besuch, und ich habe während dessen keine Übungen gemacht, und trotzdem ist mein Sehen auf dem letzten Stand der Klarheit geblieben. Es ist großartig. Ich spüre die Entspannung in den Augen und merke, wie sie sich einstellen auf weiter Entferntes, um es klar zu sehen, ohne daß ich das Bedürfnis habe, sie zusammenzukneifen. Ich bin sehr glücklich! Aus meinem drei Meter entfernten Sessel kann ich die kleinen Buchstaben klar sehen, ohne daß sie dauernd

hopsen und verschwimmen wie zu Anfang, wo sie nach jedem Blinzeln verschwommen waren und ich sie wieder suchen mußte. Jetzt bleiben sie. Das Doppelbild ist allerdings auch noch da, wenn auch nicht mehr so stark, das erschwert das Lesen der großen Buchstaben, aber auch das wird besser.

Wenn ich meine Augen im Spiegel betrachte, bemerke ich einen stärkeren Glanz und Farbigkeit und Energie. Früher waren sie trübe, glanzlos und traurig wie ein Fremdkörper. Jetzt gehören sie mehr und mehr zu mir und strahlen das aus, was ich empfinde, meine Freude!«

4. Stufe

Entwicklung der inneren Liebe

Die Welt ist so, wie du sie siehst.
Yoga Vasishtha
(alte indische Schrift)

Je mehr Erfolg ich mit meinem Sehen verspürte, desto stärker wurde der Wunsch, dieses Wissen auch an andere mit ähnlichen Problemen weiterzugeben. Und »zufällig« – ich weiß, daß es keine Zufälle gibt – hörte ich während dieser Zeit von einer Amerikanerin, die in der Schweiz ihre erste Ausbildung für Sehlehrer in Europa anbot. Ihr Name lautete Janet Goodrich. Ihr Buch *Natural Vision Improvement* – damals war es nur in Englisch erhältlich – faszinierte und begeisterte mich: Da wurde kein trockenes, mühsames »deutsches« Üben propagiert, sondern lustige Zeichnungen und spielerisches Lernen angeboten, wobei mir das Herz aufging. Auch ihr Foto berührte mich direkt im Inneren, und mir war klar, daß ich bei dieser Frau die Ausbildung machen wollte.

Mit Manni zusammen, der mein inneres Drängen verspürte und den Ernst dahinter begriff, fand ich wirklich einen Weg zur Realisation, obwohl es am Anfang unmöglich schien, vor allem aus finanziellen Gründen, denn die Ausbildung war sehr teuer. Auch hierbei half mir Antons Schulung, der uns den energetischen Gehalt des Geldes demonstriert hatte: daß es fließen muß, damit anderes nachfließen kann, daß Festhalten den Energiefluß erstarren läßt und daß Loslassen immer an erster Stelle kommt, damit Platz entsteht für Neues.

So verkaufte ich mein Auto – nach dem Unfall hatte ich ein stabileres angeschafft –, nahm einen Kredit auf und fuhr für einige Monate in die Schweiz. Ich genoß es, daß Manni mich einfach so gehen ließ, weil er spürte, wie wichtig es für mich war, und ich liebte ihn deshalb um so mehr.

In meinem »Augentagebuch« notierte ich damals die folgenden Überlegungen:

»Ich habe das erstemal in meinem Leben zugegeben, daß mir etwas zuviel wird. Das ist groß. Dadurch ist mir aufgegangen, daß ich ein wahres Märtyrerdasein gepflegt habe. Ich habe mir alles aufpacken lassen und schweigend gelitten in der Hoffnung, die anderen müßten es merken, was sie mir antun. Dadurch habe ich mich natürlich auch ungeheuer stark gefühlt – scheinstark. Endlich habe ich begriffen, daß es den anderen egal ist, wie es mir geht, daß sie froh sind, wenn sie jemanden haben, dem sie alles Unangenehme aufpacken können; dann brauchen sie es nicht selbst zu tun; und wenn ich das nicht will, muß ich mich dagegen wehren, sonst habe ich selbst schuld. Oh, ich lerne viel durch Manni und meine Augen!«

Fehlsichtige fühlen sich meistens als Opfer. Die ganze Welt scheint gegen sie zu sein. So fühlen sie sich verantwortlich für jedermann und meinen, sie müßten die Welt retten. Die Schultern verspannen sich immer mehr unter dieser Last, und um Brust und Augen legt sich ein eiserner Ring. Sie fühlen sich permanent schuldig, weil sie den scheinbaren Anforderungen nicht nachkommen können, und lehnen sich dementsprechend ab. Erst wenn sie begreifen, daß sie für ihr Glück selbst verantwortlich sind, daß es an ihnen selbst liegt, ob es ihnen gutgeht und was sie aus ihrem Leben machen, beginnen sich diese Verspannungen zu lösen. Das alte Sprichwort »Jeder ist seines Glückes Schmied!« hat noch nichts von seinem Wahrheitsgehalt verloren.

Einige Monate später schrieb ich folgendes in mein »Augentagebuch«:

»Von Weihnachten bis Ende Februar ging's mir ziemlich schlecht. Hautkrankheiten, Unlust, schlechtes Sehen, wenig Verdienst, wenig Geld ... Dazu die dauernden Kämpfe in mir, ob es wirklich richtig ist, in dieser Situation die Ausbildung zur Sehlehrerin zu machen.

Nun, da die ersten Sonnenstrahlen schon mal ab und zu mich und meine Augen lieblich warm streicheln, wird es besser.

Ein beglückendes Erlebnis hatte ich vor kurzem. Meine von mir selbst ausgependelte Brille fiel auf die Fliesen, und ein Glas zerbarst. Das war ein Zeichen, etwas zu unternehmen. Die Brille war immer nur ein Behelf gewesen, weil ich mich nicht traute, mich der kritischen Untersuchung des Augenarztes zu stellen. Inzwischen hatten sich Mut und Selbstbewußtsein gesteigert, so daß ich bereit war, mich zu konfrontieren. Es sollte aber einer sein, mit dem ich reden könnte. So telefonierte ich die Augenärzte der Umgebung an und fragte, was sie von Augenübungen halten. Die ersten beiden sagten: ›Das ist Quatsch und Zeitvergeudung.‹ Der dritte: ›Oh, was ist das denn? Meinen Sie, daß das etwas bringt? Kommen Sie doch mal vorbei, das interessiert mich.‹ Ich ging natürlich, und er stellte fest, daß die Augen sich wesentlich verbessert hatten. Er verschrieb mir auf meine Bitte sogar eine Brille, die noch etwas unterkorrigiert war, und ich war glücklich. Mit der Brille komme ich sehr gut klar.«

Viele Kurz- und Weitsichtige haben Schwierigkeiten mit Kontrolluntersuchungen. Da jede Untersuchung ein Streßfaktor ist, verspannen sich die Augen meistens noch mehr, wenn sie dem weißen Kittel und den Apparaturen ausgeliefert sind, und die Ergebnisse werden schlechter als die normale Sehschärfe. So entstehen Anpassungsschwierigkeiten an die neue Brille – die Augen geraten in weitere Verspannung, da sie sich den zu starken Werten fügen müssen.

Ein Circulus vitiosus entsteht: Sehprobleme durch Verspannung, überkorrigierte Brille, dadurch noch mehr Verspannung, Sehverschlechterung und so weiter. Mit überkorrigierten Brillen bleibt den Augen keine Möglichkeit zum Lockerlassen. Und eine Verstärkung des Problems entsteht noch durch die Aufforderung, die Brille immer zu tragen.

Zwei Monate später vertraute ich meinem »Augentagebuch« meine aktuellen Erkenntnisse über den Zusammenhang von Krankheit und psychischer Befindlichkeit an:

»Ich bin mittlerweile davon überzeugt, daß meine Hautkrankheiten, mit denen ich mich seit einem halben Jahr herumquäle, mit meiner Augentherapie bzw. der damit verbundenen Selbstanalyse zusammenhängen. Die vielen verdrängten Begebenheiten meiner Kindheit und späteren Zeit, die jetzt langsam nach oben kommen, finden nicht die richtigen Kanäle, um herauszukommen – ich kann wohl noch nicht richtig damit umgehen. So versuchen sie an vielen Stellen meines Körpers sich zu zeigen, sie brechen die Haut regelrecht auf.

Es juckt mich, ich kratze, damit kommt es heraus – in Form von Sekreten, Entzündungen, Rötungen, Schwellungen. Mittlerweile

bin ich so sensibilisiert, daß ich kaum noch etwas hinunter-
schlucken kann (Demütigung, Trauer, Schmerz), ohne daß es
durch Heulen wieder hochkommt.«

Mir ist inzwischen natürlich klar, daß meine Eltern ihren
damaligen Möglichkeiten entsprechend das Beste wollten und taten. Heute ist unsere Beziehung sehr ausgegli-
chen und liebevoll. Es sind keine alten Vorwürfe zurück-
geblieben, und ich weiß, daß alles, was passierte, für
meinen Ent*wicklungs*weg wichtig war.
Unsere Krankheiten sind Ausdruck einer Disharmonie
der Einheit von Körper, Geist und Seele. Wenn wir durch
Verdrängungsmechanismen nicht mehr in der Lage sind,
seelischen und geistigen Streß wahrzunehmen, verlagert
sich die gestörte Harmonie auf die körperliche Ebene.
Der Körper versucht auf seine Art, sich auszudrücken,
uns aufmerksam zu machen auf das Problem, indem er
es im Symptom sichtbar macht. Das schnelle Kurieren mit
chemischen und anderen »Hilfs«mitteln zieht auf die
Dauer nur eine Symptomverlagerung nach sich. Aufge-
schlossenen Ärzten ist das auch schon bewußt, und sie
gehen mehr auf den psychosomatischen Hintergrund
der Krankheit ein.
Bis zum 19. Jahrhundert gab es in der Heilkunde noch
gar keine Trennung zwischen technisch-chemischer Medizin und seelischer Betreuung. In Indien und China
wurde sie nie so vollständig vollzogen wie bei uns im
Westen. Langsam, aber sicher setzt sich die ganzheitliche
Körper, Seele und Geist umfassende Behandlungsweise
wieder durch. Notwendigerweise, denn spätestens Krankheiten wie Krebs und Aids führen die wissenschaftlichen
Methoden an ihre Grenzen. Dazu möchte ich aus einem

interessanten Bericht von Lucia Capacchione zitieren (siehe Literaturverzeichnis):

»Wie können wir unser Immunsystem stärken? Wie erhalten wir Kraft von innen heraus? Dr. James Pennebaker, Professor für Psychologie an der Southern Methodist University, und seine Mitarbeiter haben hierzu höchst aufschlußreiche Forschungen durchgeführt, die in eine faszinierende Richtung deuten. Das Ergebnis war, daß das verbale (gesprochene wie auch schriftliche) Ausdrücken von Gefühlen über Krankheit und Trauma in der Tat zu einer Stärkung des Immunsystems führen kann …
Pennebaker berichtete bei der Jahrestagung der American Psychological Association, daß Personen, die ihre traumatischen Erfahrungen in Tagebüchern, Aufzeichnungen oder Briefen festhalten, seltener zum Arzt gehen und sich insgesamt einer besseren Gesundheit erfreuen.«

Die ganzheitliche Medizin sucht also im Geist und der Seele nach den Ursachen der Krankheit, die der Körper symptomatisch ausdrückt, wobei das Symptom der Wegweiser ist. Wenn du zum Beispiel erkältet bist, liegt die Frage nahe: »Wovon hast du die Nase voll?« Oder wenn du geschwollene Mandeln hast, frage dich: »Was kann oder will ich nicht schlucken?« Und natürlich, wenn du eine Brille trägst: »Was will ich nicht sehen, wovor verschloß ich innerlich die Augen, bevor ich meine Brille bekam? Was hat mir angst gemacht und macht mir vielleicht heute noch angst?« Wenn du irgendwann auf deine Brille verzichten willst, steht auch dir der ganzheitliche Heilungsweg offen.
Höre, wie Kenneth R. Pelletier (siehe Literaturverzeichnis) die ganzheitliche Medizin definiert:

»Auf zahlreiche Quellen zurückgreifend, kann man mehrere Kriterien für eine fundamentale praktische Definition der ganzheitlichen Medizin formulieren.

Erstens werden alle Zustände der Gesundheit und alle Krankheiten als psychosomatisch betrachtet …

Zweitens ist jedes Individuum einzigartig und stellt eine komplexe Interaktion zwischen Geist, Körper und Seele dar …

Drittens ist die Tatsache zu nennen, daß Patient und Arzt die Verantwortung für den Heilungsprozeß gemeinsam tragen …

Aus diesem dritten Punkt ergibt sich ein vierter Aspekt der ganzheitlichen Medizin: Die Gesundheitsvorsorge gehört nicht ausschließlich in den Zuständigkeitsbereich der orthodoxen Medizin. Die Diagnose und Behandlung bestehender Krankheiten sind offensichtlich medizinische Angelegenheiten, aber die Gestaltung eines Lebensstils, der der Erhaltung der Gesundheit und der persönlichen Entfaltung dient, geht weit über das begrenzte Ziel der Heilung von Krankheiten hinaus …

Ein fünftes Charakteristikum der ganzheitlichen Medizin ist, daß sie in der Krankheit eine schöpferische Gelegenheit für den Patienten sieht, mehr über sich selbst und seine fundamentalen Werte zu erfahren. Die Krankheit muß im Zusammenhang mit dem gesamten Leben des Patienten betrachtet werden …

Eine sechste und letzte Überlegung der ganzheitlichen Medizin ist, daß der Arzt sich selbst als Mensch kennenlernen muß. Jeder in den Heilberufen Tätige muß sich mit seiner eigenen emotionalen Natur, seinen Persönlichkeitskonflikten, seinen Stärken und Schwächen vertraut machen und allgemein einen Prozeß der Selbsterforschung vollziehen.«

Im Sommer fuhr ich voller Erwartung in die Schweiz zur Sehlehrerausbildung. Spannende Wochen begannen. Als introvertierte Kurzsichtige hatte ich Mühe, mich auf die unbekannten Menschen der Gruppe einzulassen, bis ich merkte, daß es ihnen genauso erging. Janets Unterrichtsmethode begeisterte und faszinierte mich gleichermaßen wie ihre freudesprühende, humor- und liebevolle Persönlichkeit. Sie basierte – im Gegensatz zu allem, was ich gewohnt war – auf der Integration der rechten und linken Gehirnhälfte. Die Fähigkeiten der rechten Hemisphäre – Kreativität, Intuition, Spiel, Raumerfahrung, Gefühle, Farben und Töne – bestimmten den Schwerpunkt und vereinfachten das linkshemisphärische, analytisch-logische, rationale Lernen.

Neben den Methoden zur Gehirnintegration begeisterte ich mich vor allem an den »Augenspielen«, denen sie den mühsamen Übungscharakter nahm und statt dessen in freudige, lebendige, oft von Lachen begleitete Spiele verwandelte. Das »Posaunen« (siehe Anhang) machte mir viel Spaß. Eine farbige, ansprechende Karte wird vor den Augen von vorn nach hinten bewegt – sie wird sozusagen wie eine Posaune gespielt und mit entsprechenden Tönen begleitet –, was eine Anpassung der Linseneinstellung erfordert und besonders effektiv ist für Menschen, die nicht altersweitsichtig werden wollen. Bewegung nach Musik lockerte den Unterricht auf und half bei der Gehirnintegration.

Wenn wir die Augen wieder in Bewegung bringen wollen, ist es notwendig, dasselbe mit dem Körper zu tun, denn der Grundsatz »Innen wie außen« gilt auch hier.

Janet öffnete mir endgültig das Tor zur Esoterik, indem sie die Liebe ausströmte, die aus der gesamten Schöpfung strahlt. Schlagartig wurde mir klar, daß es der Punkt war, den ich in Antons Ausbildung vermißt hatte, weshalb immer Vorbehalte geblieben waren, mich total einzulassen. Mein Herz ging auf: Ich fühlte tiefer, sah klarer und handelte freudiger. Die Verbissenheit begann sich mehr und mehr aufzulösen. Ihrem *emotional healing* – Heilung der Gefühle – konnte ich mich ganz hingeben und mit neuen liebevollen Gefühlen für mich selbst daraus hervorkommen. Sie vollbrachte in meinen Augen Wunderdinge an Gefühlstransformation bei vielen Schülern und Schülerinnen, die bereit dazu waren.

Daneben lernten wir mit freiwilligen Privatschülern und fortlaufenden Gruppen, uns auf die selbständige Arbeit als Sehlehrer vorzubereiten. Wie oft brach mir der Angstschweiß aus, wenn ich nicht weiterwußte oder der Ablauf eine unvorhergesehene Wendung nahm.

Janet – wie mit einer Antenne ausgerüstet – war sofort da, um die Situation zu lösen. Sie war bereit, auf alle Fragen zu antworten, und erweiterte mein Weltbild bis ins Kosmische hinein.

Voller Mut und Kraft, angereichert mit neuen Erkenntnissen, Ideen und voller Begeisterung kehrte ich nach Hause zurück mit dem Vorsatz, sofort mit Kursen anzufangen. »Zufällig« hatten unsere Mieter gerade gekündigt, und die obere Wohnung stand mir frei zur Verfügung.

Wieder einmal sprang ich – diesmal mit Begeisterung, voller Freude und mit dem sich entfaltenden Flämmchen göttlicher Liebe in meinem Herzen – in ein neues unbekanntes Gewässer, um es kennenzulernen und mich, vielleicht, dort freizuschwimmen.

Meine Gedanken und Überlegungen während der Ausbildung hatte ich wie immer meinem »Augentagebuch« anvertraut:

»Ich bin in der Schweiz – Sehlehrerausbildung mit Janet Goodrich. Es war richtig, das zu machen. Alle meinen Fragen werden beantwortet, meine Ängste, Panzer, Blockaden erleuchtet und transformiert.

Es war richtig, soviel Geld aufbringen zu müssen, ein Opfer zu bringen dafür – so bin ich offen und habe ein Recht, aufzunehmen und zu behalten.«

Probleme mit Geld haben viele Menschen. Entweder verdienen sie zuwenig, oder sie können es nicht loslassen, oder es zerrinnt ihnen in den Fingern. Betrachte Geld – wie den ganzen übrigen Kosmos auch – als Energie. Das Gesetz der Energie heißt fließen. Wenn du den Fluß anhältst, entstehen Erstarrung, Krankheit und Tod. Wenn du in der Lage bist, Geld bewußt loszulassen, fließen zu lassen, entsteht ein Vakuum, welches Neues ansaugt.

Geld, welches deponiert wird, bringt Sorgen: Hoffentlich verfällt es nicht, bringt es genügend Zinsen und so weiter. Sorgen vermindern deinen Energiefluß, es wird immer mühsamer, für Geld zu sorgen – beachte die Bedeutung von »Sorgen« und »sorgen« –, vielleicht entwickelt sich sogar eine Krankheit, wenn die Sorgen sich verstärken, da sie die Harmonie deines Gesamtselbst stören.

Das Problem, zuwenig Geld zu haben oder zu verdienen, liegt in einer Hemmung, die dich daran hindert, den Wert deiner Arbeit richtig einzuschätzen. Das kann falsche Bescheidenheit sein (warum eigentlich?), vielleicht sind es Schuldgefühle (es wird Zeit, sie loszulassen – es gibt keine Schuld, nur eine Vernetzung von Ereignissen) oder Angst. (Fordere, was dir gebührt! Wenn du von der Qualität deiner Arbeit überzeugt bist, verlange die entsprechende Bezahlung dafür.) Du wirst feststellen, daß deine Umwelt bereit ist, dich entsprechend deiner Qualifikation zu honorieren, solange du nicht größenwahnsinnig wirst und utopische Forderungen stellst.

Das Kapitel Geld war ein mühsamer Lernprozeß für mich. Jetzt habe ich es begriffen – es fließt; es kommt und geht, es ist nie zuviel und nie zuwenig, ich vertraue einfach.

Meinem »Augentagebuch« berichtete ich von einem hoffnungsfrohen Moment der Klarsicht:

»Eine Schweizer Freundin nahm mich mit zum Bodensee. Sie hatte Besorgungen zu machen, ich bis zu unserer Verabredung viel Zeit. Ich schlenderte am See entlang, setzte mich schließlich in ein Café und machte die Übung ›Zentralsehen‹ (siehe Anhang), während ich genüßlich meinen Eiskaffee schlürfte. Die Sonne schien, die Menschen hatten Zeit, ich studierte Gesichter, Augen, Münder, Boote, Blumen und so weiter – zeitlos.

Nach zirka eineinhalb Stunden, zwischendurch palmierte ich öfter, fühlte ich plötzlich während des ›Palmierens‹ ein starkes Zucken im linken Auge. Nach dem Öffnen der Augen sah ich alles klar und plastisch: die Gesichter, die Blumen, die Springbrunnen, die Küstenlinie, die Boote im Hafen und weit hinten auf dem See. ›Wow, dachte ich, Elke, weiteratmen, ganz ruhig weiteratmen – keine Angst – und langsam den Blick schweifen lassen.‹ Es war grandios, faszinierend. Eine Klarsicht ganz anders als mit Brille, räumlich, farbenfroh und lebendig, mit einem ganz offenen, freien Gefühl im Auge, dort, wo es vorher gezuckt hatte. Ich war begeistert.

Und während mein Blick langsam umherschweifte, sprang mir plötzlich die Schrift auf einem Schild ins Auge – weit hinten –, welches ich vorher nur verschwommen wahrgenommen

hatte, und ich las, mühelos und klar: FAHRKARTENSCHALTER
– BODENSEESCHIFFE.
*Ein freudiger Schreck durchzuckte mich: Ja, so wird es sein,
irgendwann. Denn ich wußte, daß diese Klarheit nur vorüberge-
hend sein würde, da ich noch gar nicht bereit dafür war. Ein
wunderbares Signal meiner Augen, und ich dankte ihnen dafür.
Diese Klarsicht genoß ich zirka eine Minute lang – es schien mir
unendlich lang und war kaum noch auszuhalten –, ehe sie
langsam wieder abflaute zu meiner momentanen ›Normalsicht‹.«*

Beim »Zentralsehen« greifen sich die Augen aus einer
Vielzahl von Möglichkeiten bestimmte möglichst gleiche
oder ähnliche Kleinigkeiten, die sie fixieren und wieder
loslassen, um zum nächsten Objekt zu springen. Sie lernen dadurch, sich blitzschnell und bewußt auf einen
Fixationspunkt zu konzentrieren, um ihn dann wieder
freizugeben.
Momente von spontaner Klarsicht geschehen immer wieder während der Augenarbeit. Bitte sei nicht enttäuscht,
wenn sie sich zu Anfang schnell, später langsamer wieder
auflösen. Du erkennst daran, daß eine Verbesserung deiner Sehkraft und die Auflösung der Augenmuskelver-
spannung wirklich möglich ist. Deine Augen geben dir
sozusagen ein Zeichen: Hab Geduld, und gib bitte nicht
auf! Wir brauchen Zeit. Verspannungen, die sich seit
Jahren oder Jahrzehnten fixiert haben und chronisch
geworden sind, lassen sich nicht von heute auf morgen
lösen. Deshalb genieße solche Momente einfach, atme
ruhig weiter – denn meistens wird der Atem dabei vor
Schreck angehalten –, und danke deinen Augen für ihren
liebevollen Hinweis.
Die liebevolle Zuwendung und Anteilnahme, die du dei-

nen Augen gönnst, ist sehr wichtig für ihren Heilungsprozeß. Nimm sie wahr, stelle sie dir vor, und beginne mit
ihnen zu reden. Gib ihnen Namen, und behandle sie wie
eine fürsorgliche Mutter. Sie werden es dir lohnen.
In mein »Augentagebuch« schrieb ich nieder, was ich zu
Beginn meiner Lehrtätigkeit empfand:

»Ich veranstalte meinen ersten Einführungsabend für Augenkur-
se in Hamburg und bin aufgeregt und nervös, aber ganz sicher,
bin mir und meiner Arbeit sicher. Eine Augenärztin greift mich
stark an, ein rationeller verbissener ›Augenüber‹ nach der Bates-
Methode überhäuft mich mit ironischen Zweifeln.
Das alles ficht mich nicht an, ich reagiere ruhig und sicher, wie
ich es noch nie erlebt habe. Alle meine geistigen Helfer sind um
mich und geben mir Kraft und Sicherheit. Ich spüre die Wirkung
der Kristalle an meinem Körper. Es kommt mir vor wie eine
Einweihung – eine Prüfung –, ich gehe gestärkt daraus hervor,
sicher, meinen Weg gefunden zu haben, und stolz über die Kraft,
ihn gehen zu können. Zweifel stärken uns, Widerstände auch,
wenn wir sie überwinden.
Eine Psychologin fragt: › Welche Therapieerfahrung hast du, daß
du dich an emotionale Blöcke herantraust?‹
Mir wird klar, daß mein Weg ein ganz anderer ist als der übliche:
›Alles Wissen ist in mir‹, eine Erkenntnis, die ich bei Anton
gewann, ›ich muß es nur abrufen, nicht neu lernen.‹
Ich fühle mich wunderbar, wie neugeboren. Heute ist mein
Geburtstag. Heute beginne ich zu leben, ich erwache! Nachts
träume ich, daß ich mich aus dem Ei pelle, wische noch die letzten
Eierschalen von den Augen und strample mich frei.«

Schon während meiner Druidenausbildung hatte ich die
wunderbare subtile Kraft der Kristalle kennengelernt

und wandte sie seitdem zum Heilen, zur Reinigung und zur Stärkung an (siehe Anhang, »Kristalle als Helfer«). Kristalle können wunderbare Freunde werden und verbinden dich mit der Kraft der Erde, woran es Fehlsichtigen meistens mangelt. Sich erden oder Erdung bedeutet, mit den Problemen des alltäglichen Lebens fertig zu werden, und genau daran hapert es oft. So hatte ich damals, immer wenn ich mich in schwierige Situationen begab, einige dieser kleinen Helfer bei mir und genoß ihre stärkenden Schwingungen.

Die »geistigen Helfer« waren mir in Meditationen erschienen, um mir ihre Unterstützung anzubieten, die ich voller Freude annahm. Ich hatte einen weisen Ratgeber, der sich als »Altvater Joseph« vorstellte und auf jede Frage eine Antwort wußte. Außerdem erschien »Eris«, eine wunderschöne, indisch gekleidete Heilerin, deren Heilenergien und Hinweise mich nicht nur bei meiner Selbstheilung, sondern besonders bei der Arbeit mit Klienten und in Kursen stärkten und wirkungsvoll unterstützten. Wenn ich traurig war oder etwas nicht so recht klappen wollte, erschien eine junge, fröhliche, leuchtende androgyne Gestalt, die immer ihren Namen wechselte und mich jedesmal aufheiterte (siehe Anhang, »Kontaktaufnahme mit geistigen Helfern«).

Partnerprobleme blieben natürlich auch in unserer Beziehung nicht aus. Aber ich verfügte jetzt über ganz andere Möglichkeiten, ihnen zu begegnen, als früher. Ich schrieb in mein »Augentagebuch«:

»Manni und ich hatten eine Auseinandersetzung; wodurch ich mich verletzt fühlte und merkte, daß ich das Frühstück in mich hineinkaute. ›Wie meine Mutter‹, dachte ich, ›die hat auch

immer alles in sich hineingekaut.‹ Ich bekam einen furchtbaren
Schreck, stand auf, verzog mich in meine Werkstatt und heulte.
Der Appetit war mir vergangen. Das Heulen wollte nicht aufhö-
ren.
Irgendwann kam Manni und sagte, daß es ihm leid tue, worauf
ich weiterheulte, ihm aber klarmachte, daß es gar nicht um ihn
gehe. Er nahm mich einfach in den Arm, während meine Tränen
weiterströmten. Es war mir recht so, denn ich wollte nicht wieder
erleben, daß mir durch das Herunterschlucken von Tränen ein
Kloß im Hals meine Energien blockierte – wie so oft in meinem
Leben.
Als ich mich beruhigte und wir den Vorfall besprachen, merkte
ich, daß Mannis Verhalten oft exakt mein Spiegel ist. Er bildet
sich etwas ein, was in Wirklichkeit – was ist Wirklichkeit? –, also
aus meiner Sicht, ganz anders ist, und genau das gleiche tue ich
auch.
Ich machte einige Augenübungen, doch mein Sehen war depri-
mierend schlecht. Mein Leben lang hatte ich mir eingebildet,
etwas zu sehen, wovon ich annahm, daß es da war. Ich hatte
permanent mir und anderen etwas vorgemacht: zu Hause, in der
Schule, an der Uni und meinen Bezugspersonen. Ich brauchte
die Brille, damit ich nicht sehe, wie die Dinge wirklich sind. Die
Brille als Brett vorm Kopf. Dahinter kann man sich gut verstek-
ken.
Ich meditierte lange, und alles wurde klarer. Als ich die Augen
wieder öffnete, war wirklich alles klar, schärfer, eindeutiger und
farbiger. Die kleinen Buchstaben strahlten mich aus vier Metern
Entfernung klar und deutlich an.
Dies Erlebnis war für mich ein entscheidender Schritt voran.
Auch wenn es immer wieder Rückschritte gibt – ich werde es
schaffen, eines Tages werde ich ohne Brille ganz klar und deutlich
sehen können.«

Wenn Menschen endlich beginnen zu begreifen, daß die Probleme, die sie mit ihrem Gegenüber haben, immer etwas mit ihnen selbst zu tun haben, ist die Entwicklung zur Harmonie nicht mehr aufzuhalten. Wir suchen uns immer die passenden Partner, die es uns als Spiegel ermöglichen, eigene Konflikte zu sehen und – wenn wir bereit sind, dies auch anzuerkennen – sie zu lösen. Du allein rotierst im Zentrum deiner Probleme, ohne sie überhaupt wahrhaftig zu sehen, denn dein Ich mobilisiert alle seine Fähigkeiten, um sie dir zu verschleiern. So steckst du in der Sackgasse und wunderst dich über die Widerstände, die dir dauernd deinen Lebensweg blockieren – in Form von Krankheiten, Unfällen, Partnerproblemen und anderen Schwierigkeiten –, bis du erkennst, daß du allein nicht weiterkommst, und Hilfe suchst: in Gruppen, bei Therapeuten oder deinen Bezugspersonen.

»Ein interessantes Erlebnis: Auf eine ernsthafte Frage reagierte Manni – wie so oft – mit Albernheit. Das machte mich plötzlich so aggressiv, daß ich wütend wurde. Ich spürte den bekannten Kloß im Hals, der runtergeschluckt werden wollte – ein altbekanntes Gefühl –, aber er kam wieder hoch, die Kehle wurde frei und ich böse. Das hat mir sehr gutgetan. Ich bin schnell verletzt und zeige es auch, zumindest Manni, woanders schweige ich und entziehe mich noch immer, überlasse mich aber hinterher der Traurigkeit, indem ich sie mir bewußt mache.«

Kurzsichtige neigen dazu, Verletzungen einzustecken, sie in sich hineinzufressen, ohne sie sich wirklich bewußtzumachen. Der berühmte »Kloß im Hals«, der die verletzten Gefühle unter Verschluß hält, ist einerseits eine Blockade, die den Energiefluß hemmt, und er fordert andererseits ununterbrochen Energie, um fixiert zu bleiben. Der Weg zur Befreiung besteht darin, sich der verletzten Gefühle bewußt zu werden und sie auszudrücken.

Verschiedene Körpertherapien wie Bioenergetik, Radix, Urschrei, Gestalttherapie und andere unterstützen diesen Prozeß. Damit löst du gleichzeitig den Knoten, warum bestimmte Dinge dich verletzen, deren Ursache meistens in unverstandenen Erlebnissen der Kindheit liegen. Kinder sind den Anforderungen und Verletzungen Erwachsener meistens hilflos ausgeliefert. Sie können sich nicht wehren, da jedes Aufbegehren in Strafen und Drohungen erstickt wird. So bleibt ihnen nur der Rückzug, der Weg in die Verdrängung von verletzten Gefühlen, die hinter dicken Mauern – »Körperpanzer« nannte es Wilhelm Reich – versteckt werden, um sich unempfindlicher, unverletzbarer zu machen. Blockierte Muskelzonen entstehen in verschiedenen Körperbereichen, die nach außen durch Haltung, Gang, Bewegung, Atmung und vor allem – meist chronisch – als verhärtete Muskeln sichtbar werden. Häufigste Panzerungsgebiete sind der Sexual-, Brust-, Schulter- und Nackenbereich sowie der Ring um Kopf und Augen. Es ist naheliegend, daß in diesen Gebieten bevorzugt körperliche Disharmonien, sprich Krankheiten, entstehen.

Ich notierte in meinem »Augentagebuch«:

»Durch mein Pendel erfuhr ich, daß meine Ekzeme an den Beinen doch wieder mit Einengung zu tun haben wie früher alle meine Hautkrankheiten, und zwar in der Form, daß ich mir einerseits die Freiheit zum Alleinsein nehme, andererseits aber spüre, daß Manni damit Schwierigkeiten hat, und deshalb unbewußt ein

schlechtes Gewissen entwickle. Meine Beine brechen auf – ich will
etwas aufbrechen. Manni reagiert auf mein Zurückziehen mit
Rückenschmerzen, zwingt mich dadurch, mich um ihn zu küm-
mern.«

Indem wir uns diese Zusammenhänge bewußt machten,
waren wir in der Lage, den Kreislauf zu durchbrechen.
Seitdem habe ich keine ernsthaften Ekzeme mehr bekommen. Wenn irgendwo auf der Haut eine kleine juk-
kende Stelle entsteht, weiß ich, daß mein Körper mir
etwas mitteilen möchte, gehe in mich, frage nach und
finde auch die Ursache der Störung.
Hautprobleme hängen oft mit Beziehungsschwierigkei-
ten zusammen, da die Haut unser Kontaktorgan zum
anderen ist. Die Haut ist eines unserer sensibelsten Kör-
perorgane – Millionen von Nervenfasern enden hier. Der
Ausspruch »Du gehst mir auf die Nerven!« illustriert die
Situation treffend. Die Haut reagiert dann, wenn wir
nicht reagieren, weil etwas weggedrückt wird. So höre auf
deine Haut, sie gibt dir den Schlüssel zu deinen verdrängten Problemen.
In mein »Augentagebuch« schrieb ich:

»Im Dezember veranstaltete ich meine Weihnachtsausstellung
unter Streß und Geldsorgen, da ich plane, im nächsten Jahr einen
großen Kursraum für Gruppen auf dem Boden ausbauen zu
lassen. Ich arbeitete noch viel nebenbei, und die Stimmung
zwischen Manni und mir war sehr schlecht. Ihn drückten auch
Geldsorgen, und so muffelte er herum; ich war in innerer Hektik,
ungeduldig und lieblos.
Während der vierten Adventswoche fuhr ich nach Hamburg, von
Terminen verplant. In der Ausfahrt fuhr das Auto (ich lieh mir

Jens' alten Wagen, wenn ich einen brauchte, da ich meinen ja verkauft hatte) weiter eine Kurve, wogegen ich geradeaus lenkte, und prallte gegen einen Lichtmasten. Totalschaden! Ich – Schock! – heulte, stundenlang im Auto sitzend, bis irgendwann die Polizei kam. Mir ist weiter nichts passiert, ich war höchstens 40 Kilometer pro Stunde gefahren.

Während der Fahrt fühlte ich mich wie auf der Flucht. Morgens war ein Streit mit Manni vorausgegangen, und ich war das erstemal total geschockt und hilflos gegenüber seinen Anschuldigungen in Gegenwart eines Freundes. Da ich losmußte, konnte ich nicht darauf reagieren und mich mit ihm auseinandersetzen. Jetzt öffneten sich die angestauten Tränenschleusen, gespeist von Wut, Enttäuschung, Traurigkeit und Hilflosigkeit, und plötzlich war mir alles egal: die Termine, das Geld, der Streit, die Arbeit. Ich fühlte mich frei und leicht – verantwortungslos. In der Ausstellung war wenig verkauft worden – es war mir egal. Wolfgang pflegte mich liebevoll – das war schön. Jens kam mich am nächsten Tag abholen – ich erlebte alles wie im Traum, unterschrieb das Formular, welches den Wagen zum Verschrotten freigab, und ließ die Polizistenfragen emotionslos über mich ergehen.

Zu Hause empfing mich ein total veränderter Manni, was ich kaum fassen konnte. Er hatte auch einen Schock bekommen und sich Gedanken gemacht über unser Verhalten, und wir klärten die Situation. Der Unfall demonstrierte mir außerdem, daß ich meine Erwartungen aufgeben muß. Ich darf nicht immer schon vorher planen, was ich verdiene, sondern muß es auf mich zukommen lassen.

Nun sind 3000,- DM, die eingeplant waren, einfach weg! Den Gruppenraum werde ich trotzdem bauen. Es ist also kein finanzielles Problem. Alle scheinbar so ›wichtigen‹ Termine sind im Grunde unwichtig, wenn etwas anderes Vorrang hat – in diesem

Fall wäre es die Klärung mit Manni gewesen. Ich bin inzwischen
so sensibel, daß ich nicht mehr verdrängen kann, alles bricht sich
Bahn und kommt gewaltsam ans Licht, worüber ich sehr froh
bin.«

Unfälle haben – genau wie Krankheiten – ihre Ursache,
auch wenn keine »Schuld« vorliegt. Die gesamte Schöpfung besteht aus mehr oder weniger verdichteter Energie
– wie auch die modernen Wissenschaftler, speziell Albert
Einstein, inzwischen herausgefunden haben. Diese Energie ist ein ewiger Fluß von Zusammenballung und Auflösung. Die moderne Chaosforschung bestätigt es. So
besteht auch unsere Materie nur scheinbar aus festen
Bestandteilen, auch sie ist verdichtete, sozusagen »geron-
nene« Energie.
Da Energie die Eigenschaft hat, überall zu sein, können
unsere unbewußten Gedankenenergien eine Interaktion
an einem bestimmten Ort zu einer bestimmten Zeit mit
einem oder mehreren bestimmten Gegenständen oder
Personen bewirken. »Du wirst, was du denkst« ist kein
hohler Spruch, der belächelt werden könnte. Auch du
kennst Einstellungen, Muster oder Komplexe, die dir
eingeredet wurden, egal, ob von dir, deinen Eltern oder
jemand anderem, sie sind existent – so lange, bis du sie
bewußt auflöst.
Wir hatten natürlich auch unsere »Siebenjahreskrise«.
Der Altersunterschied – Manni ist vierzehn Jahre jünger
als ich – fiel nicht so stark ins Gewicht, da er innerlich
wesentlich reifer ist, als es seinem »realen« Alter ent-
spricht. Die Probleme entstanden durch meine innere
spirituelle Entwicklung und meine Arbeit. Obwohl Manni sich mit der Zeit mehr und mehr der Esoterik geöffnet

hatte, litt er unter meinem Wissensvorsprung. Vor allem die Tatsache, daß er auf diesem Gebiet mein Schüler war, machte ihm zu schaffen. Er hätte natürlich auch zu jemand anderem gehen können, aber als übermäßig kritischer und mißtrauischer Mensch mangelte es ihm an Vertrauen dazu. So nahm er an einer meiner fortlaufenden Gruppen teil, die sich hauptsächlich mit Selbsterkenntnis, Esoterik und Meditation befaßte. Der Wunsch war von ihm gekommen, nachdem er in einer starken wirtschaftlichen und privaten Krise gesteckt hatte, bei deren Bewältigung ich ihm auf eigenen Wunsch behilflich war. Zu Anfang hatten wir beide große Schwierigkeiten mit diesem Lehrer-Schüler-Verhältnis, aber da ich von meinen geistigen Helfern immer wieder bestätigt wurde, die ungewöhnliche Situation durchzustehen, blieb er in der Gruppe, und das Problem löste sich bald – auch mit Unterstützung der Gruppe – auf.

Er war in der Lage, mich auf diesem Gebiet vorbehaltlos als Lehrende zu akzeptieren, wogegen ich ihn mit der Zeit behandeln konnte wie jedes andere Gruppenmitglied auch. Sein Mißtrauen verschwand völlig, als ihm klar wurde, daß diese Lehrer-Schüler-Situation nur auf die Gruppenarbeit bezogen war und ich ihn auf anderen Gebieten oft meinerseits um Hilfe bitten konnte.

Es scheint mir sowieso, als fände in dem Moment, in dem ich die Tür zum Gruppenraum öffne, eine Verwandlung mit mir statt. Ich bin eine ganz andere, wenn ich mit Menschen arbeite, als in meinem »normalen« Leben. Es ist, als ob etwas aus mir heraus agiert, als wenn es gar nicht ich wäre, die dort redet, spielt, sich bewegt und Anweisungen gibt, sondern irgend jemand anders – eine höhere Macht.

5. Stufe

Die Seele läßt sich ein

> »Der Mensch kann vermöge seines eigenen Verstandes heilen … darin liegt seine Kraft. Sobald er diese Quelle anzapft, sprudelt eine universale Energie hervor. Und mit dieser Kraft ist nichts unmöglich.«
>
> *Gerald Jampolsky*

Die folgenden Jahre waren ausgefüllt mit Kursen und Einzelarbeit sowie mit Organisation und Fortbildung. Ich ließ mich immer intensiver und begeisterter auf diese Arbeit ein, indem ich das Kursangebot ausweitete und zuerst Traumarbeit mit einbezog, später Meditation, Esoterik, Druidenwissen sowie die intuitive Erfahrung von Farben und Kristallen. Jedes Jahr um Silvester/Neujahr veranstaltete ich einen sechstägigen Wandlungskurs, da gerade um diese Jahreszeit die Transformationskräfte stark sind.

Der schöne neue Gruppenraum – für dessen Ausbau ich natürlich wieder einen Kredit aufnehmen mußte – gestattete es mir, Wochenend- und Ferienkurse für bis zu zehn Teilnehmer zu veranstalten, die in der oberen Wohnung wohnten und sich auch dort in der Gemeinschaftsküche selbst versorgten.

Diese Arbeit mit Menschen machte mich glücklich; tief im Inneren spürte ich die Gewißheit immer stärker: Ja, das ist mein Weg, meine Aufgabe in diesem Leben!

Der Sinn des Lebens, wonach ich bis jetzt vergeblich

gesucht hatte, gestaltete sich immer klarer. Je sicherer und positiver meine Ausstrahlung, desto erfolgreicher war meine Arbeit. Plötzlich funktionierte alles reibungslos, keine Krankheiten, keine Unfälle, immer weniger Geldprobleme. Irgendwann stand ich vor der Entscheidung, entweder die Keramik bis auf weiteres zurückzustellen oder mich mit Kursen und Einzelarbeit zu beschränken. Etwas wehmütig verließ ich meine Töpferwerkstatt, denn die Arbeit mit Menschen war mir wichtiger geworden. Fünfzehn Jahre lang hatte ich mich von der Töpferei mühsam ernähren müssen, jetzt sollte sie nur noch Hobby sein; natürlich stand mir die Werkstatt samt Material als wertvolle Ergänzung für die Gruppen- und Einzelarbeit weiterhin zur Verfügung.

Die Schwerpunkte unserer Paarbeziehung kristallisierten sich langsam folgendermaßen heraus. Während Manfred für mich die Stabilität bedeutete, wo ich mich von meinen Höhenflügen erden und ausruhen konnte, erlaubte er es sich, mich immer öfter auf dem einen oder anderen zu begleiten. So wuchsen wir immer inniger zusammen, wobei im Grunde doch jeder sein eigener Herr war.
In mein »Augentagebuch« schrieb ich die folgenden Sätze:

»Es war ein gutes Jahr mit erfolgreichen Kursen, die mir Freude und Spaß gemacht haben. Da ich merke, daß ich den Teilnehmern viel gebe, Neues, Positives, Aufbauendes, kommt es auch zu mir zurück als Ansporn, Bestätigung, Sicherheit, Glücksgefühl. Dadurch kann ich mich immer intuitiver auf mein Gespür verlassen, was für jeden einzelnen richtig ist, wobei natürlich oft etwas ganz anderes passiert als in meiner Vorstellung vorgesehen.

Fast alle finden das gut so, nur selten hat sich jemand beschwert, daß das ›Programm‹ nicht eingehalten wurde. Vielleicht sollte ich gar keine Programme mehr machen …

Bei alldem kommen natürlich meine eigenen Augenspiele zu kurz, abgesehen von dem, was ich in mein alltägliches Wahrnehmen integrieren kann:

›Gesichtsmassage‹, Yoga am Morgen, ›Umzeichnen‹, ›Nah-und-fern-Schwingen‹ beim Autofahren und Spazierengehen, ›Sonnenbaden‹ und ›Cross-Crowl‹ (siehe Anhang).

In letzter Zeit hatte ich das Gefühl, sehr schlecht zu sehen, vor allem abends beim Autofahren, wenn es früh dunkel, neblig und naß ist. Das ist wohl der Winter, die trübe Jahreszeit und Energieabfall im Körper nach der vielen Arbeit. Ich muß darauf achten, mich zwischendurch genügend zu entspannen. Aber nach dem heutigen Erlebnis bin ich wieder sehr positiv: Ich hatte Lust, ›Fusion‹ mit der Schnur zu machen, die von der Sonne beschienen wurde, und plötzlich wurde mir bewußt, daß ich immer nur in meiner Sehreichweite richtig fusioniere.

Da durch das helle Licht alle Perlen klar zu erkennen waren, übte ich nun konsequent richtige ›Fusion‹ bis zum Ende zirka vier Meter, was ziemlich schwierig war, da es immer an einem bestimmten Punkt anfing auseinanderzudriften. Da wurde mir klar, daß ich deshalb immer zwei Telegrafenmasten sehe, weil ich nicht richtig fusioniere. Indem ich weitermachte, gelang es immer besser.

Anschließend palmierte ich, und danach war mein Sehen so klar wie noch nie. Und alles einzeln – keine Verdoppelung mehr! Ich konnte alles klar sehen: die kleine und die große Schrift auf meiner Sehtafel, die feinen Linien der Radierung an der Wand, die Rosenblätter draußen und weit hinten die Telefondrähte und Masten, und zwar einzeln! Es war toll und blieb.

Glücklich, ein wenig vorsichtig jubelnd, pfiff ich Rocky zum

Spaziergang, während ich dieses neue Seherlebnis unendlich genoß.

Das klare Sehen ohne Brille ist total anders als mit, es ist kaum zu beschreiben, ich kann nur sagen: Es lebt! Nach zirka einer halben Stunde flaute es langsam wieder ab, aber ich habe es erlebt, kenne es jetzt und weiß: Es kommt wieder, länger und länger, und meine Augen und mein Bewußtsein werden sich langsam an dieses neue Sehen gewöhnen. Es ist toll!

Es gibt noch etwas Wichtiges. Nach der Fortbildung bei Micha und Wolfgang* in Gießen war ich wochenlang traurig und begann, bei dem kleinsten Anlaß zu heulen. Mir wurde klar, daß ich mich nirgends richtig zu Hause fühle und nirgends wirklich hingehöre. Auch das hat mit meinem Sehen bzw. Nichtsehen zu tun. Mit Mannis liebevoller Unterstützung überließ ich mich der Traurigkeit. Wir besprachen ausführlich die Auslöser für meine Tränen – und irgendwann kam die Erleuchtung: Dies war die Traurigkeit des Babys in mir, das von der Mutter mit zwei Monaten weggegeben worden war.

Anschließend war die Traurigkeit fort, ich wurde fröhlich und albern wie ein kleines Kind – muß ich wohl jetzt alles nachholen. Dafür bin ich sehr dankbar!«

Wenn du beginnst, in deinem Unbewußten nach verdrängten Komplexen zu forschen, erwarte nicht zuviel auf einmal. So wie du deine verletzten Gefühle Schicht um Schicht eingemauert hast, um dich zu schützen, so lassen sie sich auch nur langsam Schicht um Schicht wieder hervorholen und liebevoll erlösen. Alexander Lowen, der Vater der Bioenergetik (siehe Literaturverzeichnis), benutzt als Vergleich das Bild einer Zwiebel, woge-

---

* Micha Krenz und Wolfgang Hätscher-Rosenbauer

gen mir die Lotosblüte näherliegt, nicht nur wegen ihrer Schönheit, sondern auch wegen ihres Symbolgehalts. Sie nährt sich aus dem Schlamm (dem, was im Unbewußten verborgen und verdrängt ist), um dann aus dem Wasser aufzutauchen und sich dem Licht (der Erlösung/Umwandlung) zu öffnen.

Ganz im Innern, bewahrt und geschützt im Blütenkelch, liegt dein wahres Selbst, das immer dort ist, auch wenn du es vor Mauern nicht mehr wahrnimmst, und wartet auf seine Erlösung. Es hat Zeit und läßt dir die Zeit, die du brauchst, um zu ihm vorzudringen. Dornröschen hat hundert Jahre auf den Erlösungskuß des Prinzen gewartet. Es ist nie zu spät, und es gibt für alles, was geschehen soll, den richtigen Zeitpunkt sowie den richtigen Ort.

Ein Jahr später schrieb ich in mein »Augentagebuch«

»Es kommt Bewegung in meinen Astigmatismus. Wenn ich spazierengehe und die zwei parallelen Telegrafenmasten sehe, verändern sie jetzt ihre Stellung. Sie kommen sich näher, weichen wieder voneinander ab, werden drei, verschwimmen miteinander, und manchmal ist einer sehr klar, und die anderen sind nur ganz zart zu sehen. Das beglückt mich, es geht weiter, wenn auch langsam und sehr mühsam.

Auch abends beim Autofahren fühle ich mich jetzt sicherer. Die Blendung durch die entgegenkommenden Fahrzeuge ist nicht mehr so stark. Außerdem kann ich jetzt mit einigen Nah-fern-Schwüngen die Sicht klären, was mir guttut. So führt mein Weg langsam, aber sicher immer weiter zum Klarsehen.

Jeden Morgen und Abend benutze ich jetzt positive Affirmationen. Auch das hilft. Mein Hautausschlag ist total verschwunden, und mein linkes Ohr, womit ich immer Probleme hatte, bessert sich von Tag zu Tag. Ich freue mich!«

Der Weg zurück in die Klarheit ist lang und mühsam, und viele geben unterwegs auf, weil sie die Geduld oder die Hoffnung verlieren. Es ist auch allein mit Augenübungen oder -spielen nicht zu schaffen. Ehe eine körperliche Verbesserung auf Dauer Gestalt annimmt, müssen der Gefühls- und Verstandesweg dazu vorbereitet sein. Solange dein Verstand aber in negativen Gedankenmustern verhaftet bleibt wie Zweifeln, Ablehnung, Selbstmitleid und Opferhaltung, bleiben auch deine Gefühle in dieser Schwingung, und der Heilungsprozeß stagniert. Wenn deine inneren Zweifel, ob das ganze Üben wirklich etwas bringt, nicht erlöst werden, brauchst du gar nicht weiterzumachen; diese unbewußte Sperre wird dich an jeglichem dauerhaften Erfolg hindern.

Falls du keine Möglichkeit hast, an einem Einführungskurs für »Natürlich Besser Sehen« teilzunehmen, wo mit Hilfe des kinesiologischen Muskeltests diese inneren Denkblockaden ausbalanciert werden können, helfen dir vielleicht positive Affirmationen, wie Erhard Freitag sie in seinem Buch *Kraftquelle Unterbewußtsein* anbietet. Du kannst dir natürlich auch deine eigenen zusammenstellen, wenn du darauf achtest, daß positive, also bejahende, aufbauende Zielvorstellungen im Präsens, also der Gegenwartsform, formuliert werden. Dazu im folgenden einige Beispiele:

»Ich bin gesund an Körper, Geist und Seele, bin voller Harmonie und Sicherheit in all meinem Denken, Tun und Sagen. Ich bin erfolgreich und vertraue auf die Führung meines ›Hohen Selbst‹. Mein Sehen ist ganz klar und deutlich; ich kann alles deutlich erkennen.«

Diese Affirmationen wirken sehr stimulierend. Dabei spielt es keine Rolle, ob diese Sätze deinem momentanen Zustand entsprechen, wichtig ist nur, daß du dir das, was du sagst, gleichzeitig intensiv vorstellst – also ein inneres Bild dazu gestaltest – und die entsprechenden Gefühle dazu aktivierst; denn auch hier gilt der Satz: »Du wirst, was du denkst, deine Gedanken stimulieren deine Gefühle, und beides zusammen gestaltet deinen Körper!« Du merkst inzwischen, wie wichtig es ist, um eine äußerliche Sehverbesserung zu erzielen, auch nach innen zu horchen, dich innerlich kennenzulernen, in dir klar sehen zu lernen.

Setz dich einen Moment hin, schließ die Augen, und horch nach innen: Was denkst du, was fühlst du? Sind deine Gedanken und Gefühle positiv oder negativ, das heißt aufbauend oder abbauend! Wie lange kannst du in deiner Aufmerksamkeit mit ihnen in Verbindung bleiben? Wird es dir bewußt, wenn deine Aufmerksamkeit abdriftet? So in etwa könntest du beginnen in deiner Innenschau. Ein Kurs oder Buch über Meditation helfen dir weiter.

Für mich waren von klein an meine Träume das Tor zum Unbewußten. Als Kind plagten mich oft wüste Alpträume, und später, während der Schulzeit, halfen sie mir bei der Lösung schwieriger Mathematikaufgaben. Die Denk- und Gehirnblockade, die mich vor allem während des Unterrichts und bei Prüfungen oft aus dem Hinterhalt überfiel, löste sich nachts im Traum, und alles war klar. So habe ich mir früh angewöhnt, mich mit meinen Träumen auseinanderzusetzen, und erlebte eine bittere Enttäuschung über die festgelegten, beengenden Deutungsschemata der Freudschen Schule. Meine Erfahrung trifft sich eher mit C. G. Jungs Auffassung, die sich während der Zeit seiner Selbstanalyse manifestierte: »Schon nach kurzer Zeit erkannte ich, daß es richtig war, die Träume tel quel (als solche) als Grundlage der Deutung zu nehmen, denn so sind sie gemeint.«

Oft sind es Gedanken, die uns während des Einschlafens beschäftigen, die die Tür zum Unbewußten öffnen und seiner Bildsprache Traum die Möglichkeit geben, sich auf der Bühne unseres Schlafbewußtseins zu offenbaren. Wenn du in der Lage bist, dich an deine Träume zu erinnern und ihre Symbolsprache zu deuten, können sie dir entscheidende Lebenshilfe vor allem in Krisensituationen vermitteln, denn dein Unbewußtes weiß und sieht mehr als dein wachbewußter Normalzustand. Es ist der Teil des Gesamtbewußtseins, der vom Verstand nicht kontrollierbar ist, und wird gern mit der Sieben-Achtel-Masse eines Eisberges verglichen, die unter der Wasseroberfläche verschwindet, während die kleine Ein-Achtel-Spitze des Wachbewußtseins herausragt.

Stell dir das Potential von Möglichkeiten vor, die in dir schlummern, ohne daß du sie kennst! Unter diesen Voraussetzungen kannst du jetzt auch vielleicht mit dem Satz »Alles Wissen ist in dir, du mußt es nur abrufen« etwas mehr anfangen. Es lohnt sich also, eine Tür zu dieser Schatzkammer zu öffnen, von welchen eine der einladendsten wohl die Traumtür ist.

Ganz zu Anfang, als ich begann, mich mit meinem schlechten Sehen auseinanderzusetzen, träumte ich, daß ich meine Augen wie ein Fernglas auf »scharf« einstellen kann, und erlebte diesen Prozeß im Traum sehr lebendig mit. Dieser Traum war für mich das Zeichen, das Signal aus der Tiefe meines Seins, mich auf den »Augenweg«

einzulassen, und nährte all die vergangenen Jahre meine Sicherheit, auf dem richtigen Weg zu sein, auch wenn es Rückschritte gab.

Wenn du dich auf die Suche begibst, um dein inneres wahres Selbst zu finden – egal, auf welchem Weg dies geschieht, letztendlich führen alle zum gleichen Ziel –, werden dich sicherlich auch Träume als Weggefährten begleiten. Wie beglückend und hilfreich für dich, wenn du ihre Sprache verstehen und ihre Geschenke, die dein Unbewußtes dir durch sie übermitteln möchte, annehmen und als wertvolle Hinweise würdigen lernst.

Es ist inzwischen hinreichend bewiesen, daß jeder Mensch mehrere und unterschiedlich lange Traumphasen während des Schlafs durchläuft, auch wenn er sich morgens nicht mehr daran erinnern kann. Die Rückerinnerung der Träume ist lernbar. Durch entsprechende Signale bist du in der Lage, deinem Unbewußten die Bereitschaft, Traumbotschaften zu empfangen, deutlich zu machen. Leg dir jeden Abend Papier und Schreibstift neben das Bett, und nimm dir vor, gleich nach Beendigung eines Traumes zu erwachen, um ihn aufzuschreiben. Das sofortige Aufschreiben ist sehr wichtig, da er sonst wieder im Dunkel des Schlafbewußtseins verschwindet. Nimm Kontakt auf zu deinem »Traumtier« (siehe Anhang), welches deine Träume hütet, und bitte es, sie dir zu offenbaren. Mit der Zeit wird dein »Traumtier«, welches im Garten deines Unbewußten wohnt, sein Mißtrauen aufgeben und dir Träume freigeben.

In jedem Traum ist ein Geschenk – ein oder mehrere wichtige Hinweise deines Unbewußten an dich verborgen, welches dann ganz behutsam ausgepackt – entschlüsselt werden muß, damit nichts verloren oder entstellt wird. Die Traumsprache ist eine Symbolsprache, die sich in Bildern ausdrückt. Zu ihrer Erschließung betrachte die einzelnen Traumbilder, und hinterfrage ihre Bedeutung für dich. Zuerst registriere deinen Gefühlszustand während des Traumes, ob du dich wohl oder unwohl, traurig, glücklich, ängstlich, mutig, zufrieden oder unzufrieden fühltest. Dann schau dir die einzelnen Akteure – Personen, Tiere, Gegenstände – an, und frag sie, was sie dir klarmachen wollen. Sie alle sind Aspekte deines Gesamtselbst, also wichtige Teile deiner Gesamtpersönlichkeit, die du vielleicht bis dahin gar nicht wahrgenommen hast. Es ist möglich, daß dort Personen auftauchen, die du ablehnst, und es ist dir unvorstellbar, daß du damit etwas zu tun haben könntest. Sie repräsentieren diejenigen unserer Persönlichkeitsanteile, die Jung als den »Schatten« bezeichnet: die nicht erwünschten, ins Dunkel weggedrängten ausgesetzten Kinder unseres Egos, welches die Wahrheit nicht sehen will, blind ist. »Unter der Schwelle des Bewußtseins war alles lebendig, und ich verstand, daß etwas in mir ist, was Dinge aussprechen kann, die ich nicht weiß und nicht meine, Dinge, die vielleicht sogar gegen mich gerichtet sind«, erzählt C. G. Jung in seinem Buch *Erinnerungen, Träume, Gedanken.* Bitte vermeide es, deine Bilder nach sogenannten »Traumschlüssel-Büchern« zu deuten, denn du kreierst deine eigene Bildersymbolik, die du nur in dir selbst erschließen kannst. Jeder Mensch verbindet mit Symbolen eine eigene, ihnen zugrunde liegende Wahrheit, wobei es sich allerdings nicht ausschließt, daß diese bei vielen übereinstimmt. C. G. Jung führt dies auf das »kollektive Unbewußte« zurück.

Auch Träume fanden Eingang ins »Augentagebuch«:

»*Heute nacht mußte ich im Traum Berge von Dreck beseitigen, mich außerdem gegen Schnorrer (zwei mir bekannte Studenten) behaupten, von denen dann Manni aber bedrängt wurde, der mir deshalb nicht beim Saubermachen helfen konnte.*

Deutung: Mit Saubermachen ist natürlich der seelische Haus-putz gemeint, den ich schaffe, die Dreckberge verschwinden. Die Schnorrer – Menschen und Dinge, die mir Energie abziehen – soll ich meinem männlichen Anteil überlassen, der sich nicht so leicht erweichen läßt, sondern verstandesmäßig analytisch entscheidet und auswählt.«

Ein voraussehender Traum, der mich sehr beeindruckte, war folgender:

»*Ich sitze im Cockpit eines kleinen, runden Raumfahrzeugs und gleite durch das All, was ich sehr genieße, die Stille, die Weite, die großen und kleinen Planeten und Sterne. Plötzlich entzieht es sich meiner Kontrolle und beginnt zu trudeln – abzustürzen. Zuerst bin ich panisch erschreckt, dann aber ist eine Art innere Stimme da, die mich beruhigt und sagt: ›Warte doch einfach ab, was passiert, gib dich doch einfach hinein. Der Raum ist groß und überall, gib die Kontrolle deines begrenzten Verstandes auf, der nur seine vorgegebene Bahn kennt – es gibt Möglichkeiten, wovon du gar keine Ahnung hast.‹ Merkwürdigerweise vertraue ich der Stimme und gebe mich hinein in das Trudeln. In dem Moment fühle ich mich nicht mehr ausgeliefert, sondern beginne es zu genießen, und ein starkes Vertrauen überkommt mich. – Ich bin heute immer noch am Trudeln.*«

Dieser Traum war eine Vorbereitung dafür, mich meiner inneren Führung anvertrauen zu können. Er gab mir die notwendige Sicherheit und das Vertrauen dazu.

Einer meiner aufschlußreichsten Träume während meiner Sehlehrerausbildung war folgender:

»Heute nacht träumte ich etwas Wichtiges, hatte aber Schwierigkeiten, den Traum festzuhalten. Mein Tiger (Traumtier) ließ ihn nicht frei. Deshalb stieg ich hinab zu ihm, kam an die Traumtür, öffnete sie langsam, ging hinein und schloß sie wieder hinter mir. Ich befand mich in einem großen Raum, wo ich meinem Tiger gegenüberstand, der sich böse gebärdete und mich nicht weiterlassen wollte. Es gelang mir, ihn zu besänftigen. Ich hatte keine Angst vor ihm, denn ich wußte, daß es nur Theater war. Er lag dann auch ganz friedlich da, schloß die Augen und schnurrte wie eine große Katze.

Ich legte mich sanft auf ihn und sah mich im Raum um. Er war erfüllt von wogenden Nebeln, und ich wußte, daß es Träume waren – meine Träume.

Ich befahl dem Traum von vorhin, hervorzutreten und sich zu offenbaren. Der Nebel wallte in dichteren Wogen, die auf mich zukamen und sich wieder zurückzogen.

Endlich löste sich eine heraus und manifestierte sich im Raum. Eine Bühne entstand mit Stuck und glitzernden altmodischen Verzierungen rundherum und einem zugezogenen Vorhang. Ich wartete, und der Vorhang öffnete sich lautlos und nachschwingend. Dahinter befand sich ein Zimmer – hell, ein geöffnetes Fenster mit leicht wehenden, durchsichtig zarten Vorhängen. Mitten im Raum stand ich und fühlte eine Umklammerung von hinten, die sich auf meine Augen, um meinen Kopf und Körper legte. Ich konnte nur mit Schwierigkeiten sehen, wollte aber erkennen, was mich so umklammert hielt. Es war eine Fratze mit Fratzenkörper und ungeheurer Stärke. Ich konnte mich nicht befreien und fühlte mich total hilflos.

Blitzartig war mir klar, daß es meine alte Angst war. Da erwach-

ten Kraft und Wut und Mut in mir, und ich begann mit ihr zu kämpfen, denn ich brauchte sie nicht mehr, damit sie meine Augen zuhält, um Dinge oder Menschen nicht sehen zu müssen, die ich nicht sehen mag, weil sie mich traurig oder schuldig machen. So kämpfte ich mit meiner Angst – sie war sehr stark, aber ich war stärker, der Griff lockerte sich. Der Druck um meine Augen, um meinen Kopf und Körper löste sich, ich konnte tiefer atmen, und dadurch wurde ich immer stärker. Mein vollbeatmeter, sich vergrößernder Brustkorb drückte die Spannung auseinander, und die Atmung wurde immer freier.

Ich war neugierig, was es wohl war, worauf die Angst mir den Blick verwehren wollte. Es waren Szenen aus meiner Kindheit: wie ich mit meinem Kindermädchen loszog, die Hand an der Stange des Kinderwagens, worin meine kleine Schwester saß. Hinter dem Spritzenhaus hielten wir an und versteckten uns. Sie begann, mit meinem Körper zu spielen und ihn in unbekannte Wonneschauer zu versetzen. Anschließend verbot sie mir, darüber zu reden. Da kamen die Angst und die Schuld über mich.

Als nächstes tauchte das Schlafzimmer meiner Großmutter auf, neben der ich in einem der Ehebetten schlief. Sie pflegte nachts laut zu reden, und ich wurde oft Zeuge intimster Mitteilungen, verbunden mit wüsten Beschimpfungen. Sofort waren Angst und Schuld wieder da, weil ich teilhatte an etwas, was ich nicht durfte.

Die nächste Szene zeigte mich lautlos hinter der angelehnten Klotür, wo ich ungewollt Zeuge meines urinierenden Onkels wurde, dessen Penis mich sehr erschreckte; im Grunde schuldlos, weil ich nebenan in der Wäschekammer gespielt hatte, aber die Angst und Schuld waren trotzdem da.

Es folgten Doktorspiele mit meinem Vetter und meine erste Verliebtheit mit dem ersten Kuß. Angst und Schuld packten immer stärker zu.

Das Schauspiel gipfelte in meiner Liebschaft mit Wolfgangs

Freund, ausgeliefert der Droge Sex, meinem Rausch, meiner
Flucht – noch mehr Angst, noch mehr Schuld.
Schließlich verkörperte sich die Angst auf der Bühne in Manni,
seine Umklammerung, seine Schwere, seine Bedrängnis – von mir
gesucht, um zu verstärken, um mich letztendlich daraus befreien
zu können. – Da bin ich jetzt – frei!«

Diese Traumvision war gleichzeitig ein Schock und eine
Erleuchtung für mich. Viele dieser Erlebnisse hatte ich
vergessen, verdrängt, und jetzt präsentierte sie mir mein
Unbewußtes als einen der Hauptschlüssel meiner Kurzsichtigkeit, und ich wußte, daß alles stimmte, so wie es auf
der Bühne abgelaufen war. Alle damaligen Gefühle waren wieder präsent und konnten jetzt der kleinen Elke
liebevoll erklärt und von mir angenommen werden. Ich
fühlte mich wie erlöst von einem Alpdruck, der mir all die
vergangenen Jahre die Brust zusammengeschnürt und
mich am freien Atmen gehindert hatte.
Hinterher war ich sehr froh, daß ich mich nicht von
meinem Tiger einschüchtern ließ, sondern dem entfleu-
chenden Traum auf der Spur geblieben war.
Es braucht natürlich einige Erfahrung und Übung, um
so bewußt in ein Traumgeschehen eingreifen zu können,
was als »Klarträumen« bezeichnet wird, aber es lohnt sich,
denn es ist kaum möglich, noch direkter bewußt ins
Unbewußte einzutauchen. Durch den jahrelangen Um-
gang mit meinen Träumen ist es mir inzwischen möglich,
mich auf der Schwelle zwischen Traum- und Wachbewußtsein zu bewegen, Träume, während sie stattfinden,
zu analysieren und, wenn ich es für richtig halte, zu
verändern. So wechsle ich quasi nachts die Welten zwischen Traum und Wirklichkeit, während sich mir immer

dringender die Frage stellt: Was ist eigentlich wirklich die »Wirklichkeit?« Im Grunde ist dies dieselbe Frage, die in der wunderschönen, alten chinesischen Geschichte anklingt, welche der Weise Dschuang Dsi erzählte: »Heute nacht träumte ich, ich sei ein Schmetterling und flöge von einer Blüte zur anderen im Sonnenschein. Und jetzt, da ich erwacht bin, frage ich mich: Bin ich nun ein Schmetterling der träumt, ein Mensch zu sein?« Auch C. G. Jung spielt mit dem Gedanken, »… daß … unsere unbewußte Existenz die wirkliche ist und unsere Bewußtseinswelt eine Art Illusion oder eine scheinbare, zu einem bestimmten Zweck hergestellte Wirklichkeit darstellt, etwa wie ein Traum, der auch so lange Wirklichkeit zu sein scheint, als man sich darin befindet.«

Im Moment – während ich an diesem Buch schreibe – träume ich häufig von Geburten, Babys und kleinen Kindern und bin glücklich darüber; denn das bedeutet, daß ich Lebensenergie hineinschreibe, daß der Impuls von kreativem Anfang und Neuaufbau darin steckt, deren schöpferische Schwingungen sich beim Lesen auf dich übertragen und dich ermutigen und stärken, deinen eigenen Heilweg zu gehen.

Eine weitere Möglichkeit, Kontakt zu deinem Unbewußten herzustellen, eröffnet sich in den »Phantasiereisen« und »Visualisationen« (siehe Anhang). Während du dich entspannst, wirst du in der Vorstellung mit Hilfe einer Geschichte auf eine Reise in deine Phantasiewelt geführt, wo du mit archetypischen Bildern (Ursymbolen der Seele) oder Personen konfrontiert und zu einem Gespräch angeregt wirst. Du kannst deine Innenwelt und ihre Bewohner auf diese Weise kennenlernen und durch die anschließende Besprechung und Auswertung eine Menge über dich selbst erfahren.

In meinem »Augentagebuch« steht:

> *Visualisation: Ich ging in der Vorstellung eine Treppe mit sieben Stufen hinunter, von denen jede eine andere Farbe hatte. Sie führte hinab zum Garten meines Unbewußten. Dort stieß ich das schwere schmiedeeiserne Tor auf und erschrak vor der dschungelartigen Wildnis. Mein Tiger, der den Garten bewacht, sprang mich an, aber als er mich erkannte, konnte ich ihn leicht besänftigen.*
>
> *Ich räumte erst mal auf, alle abgestorbenen herumliegenden Äste wurden verbrannt, dadurch lichtete sich das Dickicht bereits. An einer Stelle kam schon so viel Licht herein, daß ich dort in der Sonne liegen und den klaren blauen Himmel betrachten konnte.*
>
> *Dann machte ich einen Ausflug zu einem Aussichtsturm, konnte von dort oben alles überblicken und auch abheben zum Flug. Ich überflog den ganzen Garten – er sieht von oben wunderbar aus. Es gibt noch viel zu entdecken. Ich werde diesen Garten öfter besuchen, aufräumen und alle Möglichkeiten erkunden.«*

Unser Unbewußtes ist wirklich eine wahre Schatzkammer, denn mit dem bis jetzt Beschriebenen sind seine Möglichkeiten noch lange nicht erschöpft. Es hält für den wirklich Suchenden noch viele Schätze bereit. Da ich ernsthaft auf der Suche bin, durfte ich mit der Zeit etliche von ihnen heben, wodurch sich mir immer neue Möglichkeiten eröffneten, Heilungsprozesse in Gang zu bringen oder zu fördern.

Und so schrieb ich in mein »Augentagebuch«:

»Inzwischen hat sich vieles ereignet. Ein Heiler, den ich kennenlernte, machte mit mir Rückführungen und eine Einweihung. Mit seiner Hilfe lernte ich Astralreisen kennen und erschloß mir kosmische Dimensionen und Energien. Außerdem gab er mir wertvolle Anregungen für Visualisationen, die zum Heilen eingesetzt werden können.

Weiter bin ich inzwischen in der Lage, fast jeden Kursteilnehmer schon vorher in der Meditation kennenzulernen, wenn ich mich auf ihre Namen konzentriere. Außerdem bekomme ich oft während eines Kurses wertvolle Symbolbilder für sie, die mir und vor allem ihnen häufig wie kleine Erleuchtungen sind.

Zum Meditieren habe ich mir eine Pyramide bauen lassen, worin die Energien verstärkt werden. Es ist wirklich unglaublich, welch ein Energiewirbel sich in der Pyramide über dem Kronenchakra (dem feinstofflichen Energiezentrum über dem Scheitel) aufbaut.

Morgens mache ich regelmäßig Yoga- oder andere Übungen, anschließend meditiere ich, und das macht mich fit für den ganzen Tag. Dafür kann ich auch ohne Schwierigkeiten frühmorgens um sechs Uhr aufwachen – meine innere Uhr weckt mich –, meine Affirmationen sagen, Träume reflektieren, Gesichtsmassage machen und dann ganz frisch aufstehen. Wenn ich mir vorstelle, welche Schwierigkeiten ich früher hatte, morgens aus dem Bett und überhaupt in Gang zu kommen, kann ich es kaum fassen. Mein Kreislauf hat sich offenbar total verändert. Nichts mehr da von niedrigem Blutdruck und Herzunregelmäßigkeiten. Ich bin voller Energie und Aktivität und den ganzen Tag fleißig. Zwischendurch nehme ich mir natürlich auch bewußt Zeit zur Entspannung und genieße das, ohne mich innerlich hetzen zu lassen. Dabei bemerkte ich, daß ich dazu neigte, die geschlossenen Augen noch zusammenzudrücken, so als ob ich Angst hätte, sie könnten sich wieder öffnen. Dies *bewirkte, daß sie auch in geschlossenem Zustand nie wirklich entspannt waren, bis ich sie bewußt lockerte.*

Ich brauche jetzt auch keine ›Zigarettenpausen‹ mehr, um mir ohne Schuldgefühle eine Ruhepause zu gönnen. Das Rauchen habe ich sowieso schon vor Jahren losgelassen. Das alles ist wunderbar. Ich fühle mich wie ein neuer Mensch!«

6. Stufe

Der Geist öffnet sich

»So wie süßer Duft ständig von der Blume aus-
strömt, so wie dein Ebenbild dir im Spiegel ent-
gegenblickt, so wohnt Gott in dir. – Warum also
draußen nach ihm suchen?«

Nanak

Die folgenden Jahre bescherten mir äußere Stabilität und
wachsenden Erfolg, verbunden mit innerer Zufriedenheit und einem sich anbahnenden Transformationspro-
zeß meiner Gesamtpersönlichkeit. Ich war zufrieden in
und mit meiner Arbeit während der Kurse und Einzelarbeit, obwohl oder vielleicht gerade weil es auch immer
wieder Situationen gab, die mich davor bewahrten, mich
auf einen Sockel stellen zu lassen oder eigenem Stolz und
Selbstüberschätzung zu verfallen.

So vertraute ich beispielsweise die folgende Begebenheit
meinem »Augentagebuch« an:

*»In einem mehrtägigen Kurs erlebte ich eine Teilnehmerin, die
mich ununterbrochen provozierte, indem sie alles besser zu wissen
schien, mich ständig unterbrach, die anderen TeilnehmerInnen
gegen mich aufzuhetzen suchte und meine Anweisungen boykottierte. Sie machte mir ernsthaft zu schaffen.*

*Während der Meditation wurde mir klar, daß sie im Grunde nur
Liebe suchte, daß sie neidisch auf mich war, da sie sich selbst seit
einiger Zeit bemühte, mit Kursen Fuß zu fassen. So ging ich trotz
ihres Verhaltens liebe- und verständnisvoll mit ihr um, was sie*

offensichtlich noch mehr reizte und ihre Intriganz noch verstärkte. Sie ging sogar zum offenen Angriff über, indem sie mich während eines ablaufenden Prozesses unterbrach und die Leiterrolle übernahm.

Ich spürte die Verwirrung der anderen und schwankte selbst zwischen Wut und Ohnmacht. Durch die permanenten Angriffe war ich schon so mürbe geworden, daß ich körperlich und seelisch am Ende war. Ich wußte nicht mehr weiter. Die Frechheit der Frau siegte. Ich spürte, wie ich aufhörte, dagegen anzugehen, und wie die Ohnmacht mich langsam überrollte und mir alles egal wurde, was die anderen dachten, wie es weitergehen sollte und so weiter. Ich gab auf, übertrug ihr die Aufgabe weiterzumachen und ging hinaus.

Mir war schmerzhaft bewußt, daß ich meine innere Führung verloren hatte, indem ich mich von ihr auf eine andere Ebene hatte ziehen lassen. Meine Arbeit basiert auf der energetisch-sensitiven Ebene, wo ich die Führung meinem ›Hohen Selbst‹ überlasse, während sie unter der Leitung ihres Verstandes auf der psychologisch-analytischen agierte. Die Arbeit auf meiner Ebene funktioniert natürlich nur, wenn ich in mir ruhe, was mir noch nie so bewußt war wie in diesem Moment. Ich war also hilflos und von ihr zur Seite gedrängt, spürte meine Ohnmacht, ihr Triumphgefühl, und ich gestattete es mir, mich ganz dieser Hilflosigkeit und Kleinheit auszuliefern, wodurch ich jetzt den ›Zusammenbruch des Turms‹ erlebte, welcher mir vorher durch eine Tarotkarte angekündigt worden war. Ich machte mir nichts mehr vor, merkte, daß ich nie jemandem etwas vormachen, keine ›alleswissende‹ Fassade aufbauen muß. Das, was ich zu vermitteln habe, kann ich nur mit absoluter Ehrlichkeit klarmachen, ohne mich auf ein Podest zu erheben.

Ich lernte: Alles, was andere betrifft, hat genauso mit mir zu tun. Alles, was ich erlebe an und mit anderen, ist ein Spiegel für mich;

ich brauche nur den Mut, um hineinzuschauen. Ich ließ mich
also total in meine Unfähigkeit, in meine Kleinheit hineingleiten
und spürte diese körperlich, geistig und seelisch. Ich sprach auch
mit Manni darüber, und es tat mir gut. Er ging auf mich ein
und sagte: ›... hat viel Ähnlichkeit mit deiner Mutter. Du sollst
daran in verstärkter Form lernen, wie du mit so einer Fremdbe-
stimmung klarkommst.‹ Als ich mich dort hineinfühlte, merkte
ich, daß er recht hatte. Ich war also solchen Menschen immer noch
hilflos ausgeliefert. Es gab also immer noch die Autoritätssperre
und Angst vor der Mutterdominanz und Stärke, die ich unbe-
wußt auf die besagte Kursteilnehmerin übertrug und die mich
veranlaßte, meine Zügel aus der Hand zu geben. Mir war auch
bewußt, daß die anderen dadurch höchst verunsichert waren, was
mir leid tat; und ich schämte mich, gehörten sie doch zum Kreis
meiner Bewunderinnen.«

Lerne daraus: Laß nie den Eindruck des Allwissens entstehen, es stellt dich auf ein Podest, weshalb du immer
aufpassen mußt, oben zu bleiben, nicht herunterzufallen.
Die Anstrengung, oben zu bleiben, hatte mich von meiner geistigen Ebene abgelenkt und in die materielle
gezogen, so einfach ist das.

»Ja, da war ich nun in der Situation des zusammengebrochenen
Turmes: ganz klein, ganz hilflos, ganz mutlos, demütig und
reuig; so saß ich am nächsten Morgen – dem letzten Kurstag –
in meiner Pyramide in der Meditation, um Hilfe bittend.
Und da bekam ich ein ›Geschenk‹, eine Vision. Ich sah eine große
weiße Lotosknospe, von Licht durchstrahlt, welches von oben und
von unten strömte. Sie öffnete sich langsam. Die Blütenblätter
gaben ein winziges leuchtendes Etwas frei, ein kleines strahlendes
Baby, welches ins Licht getaucht, durchflossen, immer strahlen-

der wurde, wuchs und sich ausbreitete und seine Strahlen – die
Liebe – verströmte in seine Umgebung, ganz klein und ganz
strahlend, viel gebend. – Das war ich!

Ich mußte erst ganz klein werden, mein stolzes Ego zusammenbre-
chen lassen, die Erniedrigung annehmen, um dann, wenn das
Ego, die Persönlichkeit, mich ganz aufgegeben hat, angenommen
werden zu können von meinem Gottselbst, dem Christus in mir,
der mich in seinem Licht kraft seiner Liebe wiederauferstehen läßt.
So erhebt letztendlich die Demut, die totale Selbstaufgabe, das Ego
zum wahren Göttlichen.

Ich war ganz ergriffen von diesem Bild und den dazu entstehen-
den klaren Bewußtseinsvorgängen, verstand zwar nicht alles
ganz, fühlte mich aber sehr geborgen, still und friedlich. Mit
großer Sicherheit und dem Bewußtsein, daß jetzt alles ›in den
richtigen Händen liegt‹, begann ich den Kurstag.

Alle bemerkten die Veränderung in mir, die Sicherheit und Kraft,
die von mir ausgingen. Es gab keine Probleme mehr – im Gegenteil
– alle Knoten lösten sich auf, die göttliche Liebe und Harmonie
hatten die Führung in mir endgültig übernommen.«

Solche Situationen erkannte ich als wichtig und notwendig, um einerseits meinem Ego die Grundlage der Selbst-
überzogenheit zu nehmen, mir andererseits immer wieder ganz deutlich zu machen, daß ich nur über die
wirkliche Intuition und Einblick verfüge, wenn ich mich
total meiner inneren Führung anvertraue. Folgende
Träume halfen mir, die Hintergründe zu verstehen:

»Ich sitze in einem VW-Bus, der sich plötzlich von selbst in
Bewegung setzt. Trotz meines Erstaunens und meiner Befürch-
tungen stößt er nirgends an, sondern gleitet an den Häuserwän-
den vorbei. Ich denke: Ich wollte doch noch gar nicht los, da

kommen doch noch welche, die mitwollen. Da fährt er rückwärts
wieder zurück zum Ausgangspunkt, wo noch andere Leute ein-
steigen. Anschließend setzt er sich wieder in Bewegung. Ich sage
zu jemandem, der vorne sitzt: ›Zieh doch die Bremse an‹, aber der
schaut mich nur verständnislos an und sagt: ›Warum denn, ist
doch alles in Ordnung!‹ Da überlasse ich mich beruhigt dem
selbständig fahrenden Gefährt.«

Dieser Traum erklärt mir, daß dadurch, daß ich mich
einer höheren Führung anvertraue, ich mich nur noch
auf jeden Augenblick der Fahrt einzustellen habe, daß
der Fortlauf meines Lebens als solcher aber ab jetzt in
anderen Händen liegt, denen ich mich beruhigt überlassen kann, denn die lassen mein Fahrzeug an keinem
Hindernis mehr anstoßen.
Der zweite Traum demonstriert mir, wie sich meine rest-
lichen Ängste auflösen vor dem »Unheimlichen«, das da
stattfindet, und ich mich vertrauensvoll in ›Gottes Hand‹
begebe:

»Wir sind normal groß und steigen in ein Gefährt wie eine Art
Fisch. Dann bin ich außerhalb und sehe den ›Fisch‹ ganz klein
im All fliegen. Er landet auf einem riesigen Planeten, es gibt nur
Sand und Sonne. Alle steigen aus, und wir sind winzig klein wie
Sandflöhe, verloren und einsam in der Wüste, krabbeln wir dort
herum.
Plötzlich ist da etwas Riesengroßes, eine riesige Hand, warm und
lebendig. Nun ist die Frage: Angst und weglaufen oder Vertrauen
und sich ergeben? – Ich ergebe mich der Riesenhand, klettere
hinauf, obwohl ich weiß, daß sie mich zwischen zwei Fingern
erdrücken könnte. Die Hand nimmt mich liebevoll und vorsichtig
auf. Aus ihr strömt eine Kraft, die mich auflädt mit Energie und

*Licht, so daß ich wachse und wachse und immer lichter, strah-
lender werde, mich abhebe und schwebe, zurück zur Erde.
Dort gibt es überall Ansammlungen von jetzt kleinen Menschen, dunkel und finster und voller Angst. Dort hinein lasse ich
mich hinunter und erfülle die Dunkelheit mit Licht. Mein Licht
erfüllt und erhellt die Dunkelheit, ohne selbst schwächer zu
werden.«*

Dazu fällt mir noch eine Sentenz von C. G. Jung ein:
»Soweit wir zu erkennen vermögen, ist es der einzige Sinn
der menschlichen Existenz, ein Licht anzuzünden in der
Finsternis des bloßen Seins.«
Auf diese Weise wurde mir immer deutlicher, daß sich
etwas ganz Entscheidendes in meinem Leben verändert
hatte. Ich war sozusagen nicht mehr »Herr meiner
selbst«, sondern war bereit, mich in entscheidenden Momenten der Führung meiner Intuition oder des Unbewußten zu überlassen. Dieser Prozeß war für mein Wachbewußtsein, den Verstand, natürlich zu Anfang sehr
schwierig, da er gewohnt war, bis jetzt immer die Führung
zu übernehmen und Entscheidungen zu treffen. Ich
machte ihm in sehr liebevoller Weise klar – so wie eine
Mutter, die einem Kind etwas erklärt –, daß es jemand
anderen gibt, der noch mehr Überblick hat als er, und
daß es auch ihm guttut, sich dessen Führung zu überlassen, so daß er sich immer mehr an diese Situation gewöhnte und sich darauf einlassen konnte, ohne mir ständig dazwischenzufunken.
Auch für diese Entwicklung war mir Antons Schulung im
nachhinein eine große Hilfe, da sie mir schon damals
gezeigt hatte, wie einfach es im Grunde ist, den Verstand
durch Verwirrung schachmatt zu setzen, und daß genau

in dem Moment die Fähigkeiten der kreativen rechten Gehirnhälfte, also des Unbewußten, auf den Plan treten. Mit der Zeit gab das Unbewußte immer mehr seine entpersönlichte Form auf – statt dessen kristallisierte sich eine Art inneres universales Bewußtsein heraus, das sich oft in Form meiner sogenannten »Geistführer« darstellte, die mir auf gezielte Fragen antworteten und auf meine direkte innere Bitte hin wirkungsvolle Hilfe bei ablaufenden Prozessen gewährten. Häufig waren es aber auch nur Bilder, die sich blitzschnell vor meinem inneren Auge manifestierten, oder kleine äußerlich symbolhafte Begebenheiten, die ich als Zeichen deuten lernte und mir den Anstoß gaben, nach innen zu schauen, um von dort die Lösung kommen zu lassen. Das passierte vor allem in Momenten, in denen ich mich besonders hilflos fühlte, wenn also alle meine »Verstandesschubladen« keine Lösungen gebracht hatten und ich mich sozusagen dem »Nichtweiterwissen« ausliefern mußte.

Deshalb begann ich, gerade diese Momente von Hilflosigkeit zu lieben und oftmals sogar herbeizusehnen, um dadurch die Tür zum Unbewußten zu öffnen. Denn sie öffnete sich immer dann, wenn ich mich innerlich aufgab, meine Schwächen und Ohnmacht mir selbst eingestand. Diesen Zustand bezeichnete ich später als »Mariä-Empfängnis-Haltung«, denn er bezeichnet den reinen passiv-weiblichen Demutsprozeß, der in Maria vorging, als sie die Verkündigung der göttlichen Empfängnis bekam, in dem sie sich einfach öffnete und sagte: »Dein Wille geschehe.«

Während all dieser Jahre fühlte ich mich als Lernende. Immer wieder gab es Zeichen, Ereignisse und Begebenheiten, die ich als »Lektionen« bezeichnete, da sie mir, indem ich bewußt »dahinterschaute«, wertvolle Lerninhalte anboten. Ich erinnere mich an eine Situation, in der ich einen Bergkristall, den ich zum Heilen benutzte, nicht wiederfand, weil ich ihn in einem unbewußten Moment irgendwo abgelegt hatte, während ich mit meiner Aufmerksamkeit woanders weilte. Später fand ich ihn »zufällig« an einem Platz, an dem ich schon dreimal vorher nachgeschaut hatte, um ihn dort zu suchen. Dieses Ereignis machte mir eindrücklich klar, daß ich in jedem Moment bewußt zu sein habe, mit meiner Aufmerksamkeit im Hier und Jetzt – im Alltag.

Es gibt dazu eine wunderbare Geschichte von einem Zen-Meister, der seinen Schüler mit einem Koan – einem Meditationsrätsel – zum Meditieren fortschickt. Nach sieben Jahren Meditierens kommt der Schüler ganz aufgeregt zu seinem Meister, um ihm seine Erkenntnisse mitzuteilen. Da es regnet, stellt er seinen Schirm vor der Tür ab, bevor er eintritt. Ehe er seine Neuigkeiten loswerden kann, fragt ihn der Meister: »An welcher Seite der Tür hast du deinen Schirm abgestellt?«, worauf der Schüler verblüfft antwortet: »Das weiß ich nicht, das ist doch unwichtig.« Daraufhin schickt ihn der Meister weitere sieben Jahre zum Meditieren, um ihm klarzumachen, daß der Erleuchtungsprozeß im Grunde darauf basiert, auch im Alltag jederzeit bewußt zu sein.

»Erkenne dich selbst, dann erkennst du Gott« war früher ein Motto in den Einweihungsschulen der alten Mysterienstätten.

Eine weitere wichtige Lektion, worin es um das Erkennen der wahren Ethik ging, war folgende, die ich wiederum im »Augentagebuch« festhielt:

110

»Es war den ganzen Tag trüb gewesen, und ich sagte den KursteilnehmerInnen, sie sollten sich Sonne und blauen Himmel vorstellen, damit wir am nächsten Tag mit den Augen ›sonnenbaden‹ (siehe Anhang) und über Licht sprechen könnten. Sie wollten wissen, ob das funktioniert, worauf ich ihnen erzählte, daß wir in Österreich öfter Wetterzeremonien gemacht hätten. ›Können wir das nicht auch?‹ fragten einige. Ich sagte ausweichend: ›Das kann ich nicht allein‹, spürte aber, daß sie meinten, wir seien ja viele.

Während der Meditation am nächsten Morgen fragte ich, ob ich ein Recht dazu habe, Wetter zu machen. Es wurde mir klargemacht, daß Wettermachen nur dann ethisch richtig ist, wenn es dem Wohle der Allgemeinheit dient, nicht um anzugeben oder aus Sensationslust oder zu selbstsüchtigen Zwecken. Ich bedankte mich, und gleichzeitig war mir klar, daß ich es kann, wenn ich es aus ethischen Gesichtspunkten heraus will, daß ich aber kein Recht dazu habe, es nur zu meinem Vergnügen zu machen, worauf ich innerlich erklärte: Gut, dann soll das Wetter sein, wie es will.

Es war den ganzen Morgen grau und regnerisch gewesen, aber als ich jetzt aus der Meditation auftauchte, sah ich durch das Fenster blauen Himmel und Sonnenschein. ›Den Seinen gibt's der Herr im Schlaf!‹ fuhr mir durch den Kopf, und ich mußte lachen, als ich mich dafür bedankte. Es klarte immer mehr auf, und wir konnten wunderbar ›sonnenbaden‹.«

In dieser Zeit fing ich auch wieder an, innerlich zu beten, was ich seit Jahren nicht mehr getan hatte, und zwar begann ich mit einem Satz aus dem Vaterunser, den ich in meinem Sinne veränderte:

»Dein Wille geschehe wie oben, so auch unten, also auch in mir.«

Später machte ich mir eigene Gebete, die meiner jeweiligen Situation entsprachen. Das bedeutete aber keineswegs, daß ich mich wieder der christlichen Kirche zuwenden wollte, es hatte eher etwas mit dem Gleichnis vom verlorenen Sohn zu tun, der sich auf den Heimweg zum Vater macht, wobei ich Gott keineswegs als Vaterfigur sehe. Aus esoterischer Sicht bezeichnet dieses Gleichnis die Rückkehr des aus der göttlichen Einheit in die Materie gefallenen Menschen in die Rückbindung – die *religio* – mit dem göttlichen Selbst.

Seitdem ich mich mit Esoterik beschäftigte, bekam ich die Antworten auf meine ungelösten Fragen aus der Kindheit und Jugend. Im Gegensatz zur Kirche, die in Doktrinen und starren Glaubenssätzen erstarrt ist, öffnete sich mir das esoterische Wissen wie ein sprudelnder Quell von alten, ewigen und immer neuen Wahrheiten. Wo die Kirche »exoterisch« die äußeren Formen bewahrt, bietet das »esoterische« – das innere oder Urwissen – eine Fülle von befriedigenden Einsichten und grundlegenden Wahrheiten, was mich faszinierte und begeisterte. Dabei wurde mir immer deutlicher, daß im Grunde alle Religionen ihre Weisheit aus dem gleichen Urquell der Menschheits- und Göttergeschichte schöpfen.

Indem ich tiefer in die Geheimnisse des esoterischen Wissens eintauchte, wurde mir bewußter, was damit gemeint war, daß der Mensch Gott ähnlich sei. Er verfügt wie Gott, der Schöpfer, über schöpferische Fähigkeiten, die er mit Hilfe bewußter Denk-, Gefühls- und Vorstellungskräfte gezielt zur Gestaltung seines Lebens und natürlich seiner Gesundheit einzusetzen vermag. Dieser bewußte Gestaltungsprozeß geht noch einen Schritt weiter als die positiven Affirmationen, da die Energien konzentrierter auf ein bestimmtes Ziel ausgerichtet werden.

Während der Druidenausbildung lernten wir auf diese Weise spielerisch, uns Parkplätze »vorzubestellen«, Wetter zu machen und Heilungsprozesse in Gang zu setzen. Auch Bücher wie *Silva Mind Control* von Silva/Miele (siehe Literaturverzeichnis) vermitteln solche Techniken. Mit einer solchen Methode setzte ich »Heilvisualisationen« wie folgende gezielt für die Augen ein.

»Durch die unbegrenzte Kraft meines erleuchteten Bewußtseins und die höchste Intelligenz meines ›Hohen Selbst‹ sind jetzt alle Energien in mir und außer mir in Tätigkeit, um mir meine vollständige Gesundheit zurückzugewinnen. Alle beschädigten Zellen meines Körpers werden jetzt sogleich erneuert, wiederhergestellt und ersetzt, alle Spannungen aufgelöst, so daß mein Körper vollständig gesund ist, ungeachtet aller vorherigen Schäden, und auch meine volle Sehkraft mit Hilfe der metaphysischen Heilung zurückkehrt. – Ich sehe jeden Tag klarer und deutlicher.«

Während du dir diese Sätze innerlich bewußtmachst, unterlege sie mit dazu passenden Vorstellungsbildern und Gefühlen. Dadurch werden sie energetisch aufgeladen und können sich durch Wiederholung über einen langen Zeitraum langsam im Körper manifestieren.

Heilvisualisationen können, wenn sie über einen längeren Zeitraum richtig angewandt werden, für die Stimulierung der Selbstheilungskräfte sehr wirksam sein, da sie die Energien des positiven Denkens und der Vorstellungskraft mit den entsprechenden Gefühlsschwingungen verbinden. Wenn daneben durch gezielte Energiebestrahlung der betreffenden Körperpartien durch die

Handflächen, wie es zum Beispiel beim ›Palmieren‹ geschieht (siehe Anhang), die universale göttliche Heilkraft bewußt eingesetzt wird, können verblüffende Erfolge erzielt werden. Das schöpferische und damit heilkräftige Potential des Unbewußten wird dadurch aktiviert und der Weg für die selbstheilenden Energien frei gemacht, die sich durch wiederholte Anwendung immer mehr verstärken und dadurch langsam zu einer Manifestation führen. Der Heilungsprozeß materialisiert sich.

So wirst du dein eigener Heiler und übernimmst die Verantwortung für dich und dein Leben – und somit deine Gesundheit – selbst. Deine Seele beginnt, deinem inneren wahren Selbst zu vertrauen, und läßt sich auf seine Führung ein. Damit beginnt für dich dann ein ganz neuer Lebensabschnitt, in welchem das »Sichwohlfühlen« zum Wegweiser wird. Je mehr du dich deiner inneren göttlichen Führung anvertraust, desto einfacher und schöner gestaltet sich dein Leben. Es gibt immer weniger Widerstände auf deinem Lebensweg, da diese im Grunde nur dazu dienen sollen, dich immer wieder zurückzubringen auf den richtigen Weg.

In meinem »Augentagebuch« steht geschrieben:

»Es ist viel passiert, ich habe eine Menge gelernt, Fehler gemacht und daraus gewonnen und vor allem meine intensive innere Führung erlebt. Ich komme mir so vor, als würde vor mir der ›rote Teppich‹ ausgebreitet und ich bräuchte nur die Füße darauf zu setzen und zu laufen.

Über all diesen Ereignissen ist die Arbeit am Sehen ganz in den Hintergrund geraten, aber sie schreitet stetig voran. Ich mache regelmäßige Heilungsvisualisationen und sage morgens und abends meine positiven Affirmationen, palmiere viel und, wenn

114

möglich, lange und stelle fest, daß mein Sehen sich dauernd verändert. Manchmal sehe ich ungeheuer klar, auch über einen langen Zeitraum. Manchmal habe ich gar keine Doppelbilder mehr, und manchmal ist alles eine graue Soße. Aber es macht mich glücklich. Das Sehen lebt! Es verändert sich.«

Es gab viel zu tun. Meine innere Führung machte mir Mut, Vorträge in der Öffentlichkeit zu halten, was mir von Mal zu Mal leichter fiel, und Kurse außerhalb meines Hauses zu geben. Zu Anfang benutzte ich das Pendel als Entscheidungshilfe. Es narrte mich nur, wenn ich mich vor anderen aufspielen wollte. So lernte ich, mich zu beobachten und die feinen Unterschiede zu erkennen. Daraufhin war ich bald in der Lage, mich von dem Ego-Drang des Aufspielens oder Angebens zu befreien und nur nach innen zu horchen, wann die Bereitschaft oder die Ethik es gestatteten, die höheren Kräfte dazu in Anspruch zu nehmen.

Fast unmerklich hatte sich die Wichtigkeit des Sehens von außen nach innen verlagert. Spätestens nach folgender Meditationsvision, die in meinem »Augentagebuch« aufgezeichnet ist, wurde es mir bewußt:

»Während einer Meditation erschien mein ›großer Bruder‹ Christus, der liebevoll über meine Augen strich und sagte: ›Ich streiche dir die Unwissenheit von den Augen wie einen Schleier, so daß du klar und deutlich die Wahrheit siehst.‹ – Das bedeutete für mich die Gewißheit, daß mein Weg zum klaren Sehen gekoppelt ist mit dem wahren Wissen oder dem reinen Bewußtsein. Also gehe ich freudig weiter auf diesem Weg.«

Die Entwicklung des inneren oder geistigen Sehens wurde mir wiederum durch einen Traum angekündigt:

»Ich gehe durch eine Landschaft, in der auch Menschen aktiv sind, und plötzlich ist es so, als ob meine Augen sich auf der Stirn zu einem Auge zusammenzögen. Dadurch nehme ich alles ganz anders wahr, ich sehe praktisch hinein, durchdringe Menschen. Diejenigen, die mir entgegenkommen, nehmen mich genauso wahr, ich weiß es, denn ich ›sehe‹ es. So brauchen wir uns alle nichts vorzumachen oder zu verheimlichen, weil jeder alles ›sieht‹ und ›weiß‹. Es ist ein wunderbares Gefühl, und ich genieße diese Klarheit. Es ist ein echtes Aha-Erlebnis: ›Ach, so seht ihr mich!‹ Ich scheine mich auf einer anderen Seinsebene zu befinden.

Für mich bedeutet dieser Traum, daß meine Wahrnehmung sich verlagert von außen nach innen. Das auf der Stirn zusammengezogene Auge ist praktisch die Aktivierung des ›dritten Auges‹, des Stirnchakras, eines der sieben Hauptenergiezentren des Körpers.* Ich kann mich jetzt voll auf meine Intuition verlassen, kann Situationen, Dinge und Menschen ›durchschauen‹. Das erlebte ich heute auch in meinem Traum-Workshop. Es ist ein wunderbares Arbeiten, und meine Sicherheit dabei wird immer größer.«

Wie es in dem Traum bereits angekündigt wurde, begann ich immer mehr, hinter die Fassaden der Menschen zu schauen, und nahm Dinge wahr, die sie zum Teil vor sich selbst, besonders aber vor ihrer Umwelt zu verheimlichen suchten. Für meine Arbeit kam mir diese Fähigkeit sehr

---

* Siehe auch Das Chakra-Handbuch von Sharamon/Baginski im Literaturverzeichnis.

zugute, da die Menschen, die sich mir anvertrauten, mir gleichzeitig damit das Recht gaben, sie zu »erkennen« oder zu durchschauen, um ihnen dadurch in ihrem eigenen Selbsterkennungsprozeß behilflich zu sein. Schwieriger ist es, im alltäglichen Leben damit klarzukommen, da es oft schmerzlich ist, mehr zu sehen als andere und nicht eingreifen zu können, da meine Ethik es mir nur dann gestattet, wenn ich von den betreffenden Personen das Recht dazu bekomme.

Abgesehen von meiner Arbeit fasziniert mich dieses innere Sehen und Hören besonders, wenn es um neue Erkenntnisprozesse geht, die das Bewußtsein erweitern. Diese Möglichkeit hatte sich während eines Spaziergangs durch eine Vision angekündigt. Es war ein sonniger Tag mit blauem Himmel, als meine Aufmerksamkeit von Kondensstreifen am Himmel angezogen wurde, die ein Dreieck formten. Da solche Erscheinungen für mich längst keine Zufälle mehr bedeuteten, spürte ich in den Symbolgehalt dieses Zeichens hinein und bekam eine Antwort: »Ziehe den Alltag beiseite wie einen Vorhang, dann kannst du durch das göttliche Fenster in den Himmel schauen!«

Das Rätsel entschleierte sich mir bald: Das Dreieck gilt einerseits als Symbol für das »allwissende Auge Gottes«, andererseits für das »dritte Auge«, das Stirnchakra. Das »göttliche Fenster« ist also identisch mit dem »dritten Auge« und gestattet mir – wenn ich den Alltag beiseite schiebe, also die Gedanken, die sich permanent mit dem Alltag beschäftigen – einen Blick in den Himmel, die Unendlichkeit des göttlichen Bewußtseins oder des universalen Wissens.

Ich probierte es gleich praktisch aus in der Meditation,

und das Bild des Alltags als Vorhang, den ich zur Seite schiebe, war verblüffend wirkungsvoll. Das Gedankenkarussel, das sonst oft schwer anzuhalten ist, ließ sich als grauer Vorhang leicht zur Seite schieben und gab den Blick auf eine Bühne frei, auf der ich entweder meine Fragen plazieren konnte oder einfach auf Bilder wartete, die sich mir präsentieren würden.

Auf diese Weise erschloß sich mir nach und nach – und heute immer noch – ein universales Wissen aus dem Potential meines göttlichen Gesamtbewußtseins, was ich nie für möglich gehalten hätte. Ich empfange Botschaften und Bilder für mich und meine Klienten, die oft helfen, anstehende Probleme und Krisen zu lösen, und bekomme auf alle anstehenden Fragen eine Antwort.

Zu diesem Thema schrieb C. G. Jung:

»Es steht fest, daß das Unbewußte mehr weiß als das Bewußtsein, aber es ist ein Wissen besonderer Art, ein Wissen in der Ewigkeit, meist ohne Beziehung auf das Hier und Jetzt, ohne Rücksicht auf unsere Verstandessprache … Je mehr die kritische Vernunft vorwaltet, desto ärmer wird das Leben, aber je mehr Unbewußtes, je mehr Mythos wir bewußt zu machen vermögen, desto mehr Leben integrieren wir.«

Durch die Faszination, die die Erschließung meiner inneren Sinne auf mich ausübte, trat die äußere Sehverbesserung für mich in den Hintergrund. Sie war mir im Grunde unwichtig geworden. Irgendwann fiel mir auf, daß sich seit zirka zwei Jahren mein äußeres Sehen praktisch nicht verändert hatte.

Ich schrieb in mein »Augentagebuch«:

118

»*Beim letzten Wochenendkurs erzählte ich den Teilnehmern von meiner Sehverbesserung, die ich erreicht habe, gleichzeitig aber auch, daß seit zwei Jahren eine Stagnation eingetreten sei, worüber ich nachgedacht habe. Dabei sei mir bewußt geworden, es könne damit zusammenhängen, daß ich unbewußt gar nicht klarer sehen wolle, da ich wohl befürchte, mich in Einzelheiten zu verlieren, vor allem in meiner Arbeit mit Menschen, wo viel von Intuition und Gefühl geleitet werde.*

Trotzdem mache ich jeden Morgen weiter meine Massage, Visualisation und Meditation. Seit kurzem habe ich erkannt, daß ich nur aus mir heraus gar nichts bewirken kann, sondern allein mit Gottes Hilfe. So gebe ich mich jetzt in seine Hand. Außerdem habe ich gemerkt, daß ich nur so effektiv arbeiten kann, wenn ich mein Ego beiseite stelle und meinem ›Hohen Selbst‹ die Führung übergebe. So nun auch in Bezug auf die Augen. Ich allein kann sie nicht heilen, nur mit Gottes Hilfe ist es möglich.

Mit diesen Erkenntnissen tauchte ich aus der Meditation auf – und konnte ganz klar sehen, ohne Anstrengung, ohne Blinzeln, ohne vorheriges ›Palmieren‹. Ganz einfach und leicht, so als ob er sagen wollte: ›Siehst du, so einfach ist das, wenn du dich mir anvertraust!‹ Das gleiche geschah an den folgenden Morgen, und ich bin voller Zuversicht und Freude und Glück und Liebe.«

Nach diesem Erlebnis kam plötzlich wieder Leben, Bewegung in den Sehprozeß, so als hätte ich jetzt die notwendige Reife für den nächsten Schritt erlangt.

Um langsam die innerliche Reife zu gewinnen, genügt es allerdings nicht, sich nur mit Selbsterkennungs- und Bewußtseinsprozessen auseinanderzusetzen, auch der Körper – unser Gefährt in diesem Leben – muß darauf vorbereitet werden. Auch er will in seinen funktionellen

Abläufen erkannt, unterstützt und gepflegt sein. Er ist kein Automat, in den irgendwelche Nahrung hineinzustopfen wäre, auf daß er funktioniere. Die meisten Menschen gehen erstaunlicherweise mit ihrem Auto sorgfältiger um als mit ihrem unersetzbaren Körper. Nie käme jemand auf die Idee, sein benzingetriebenes Kraftfahrzeug mit Diesel zu füllen, wogegen er bei seinem Körper nicht so zimperlich ist. Es wird – meistens aus Freßgier –, ohne zu überlegen, ob es ihm guttut, alles hineingestopft, was der überproduktive Markt hergibt. Noch nicht einmal dann, wenn der Körper sich mit Krankheiten zur Wehr setzt, wird eine Verbindung zur Ernährung hergestellt.

Fast alle heute als sogenannte »Alterskrankheiten« bezeichneten Körperdysfunktionen sind im Grunde auf ernährungsbedingte Vergiftungen und Ablagerungen zurückzuführen, die sich im Laufe der Jahrzehnte gebildet haben. Leider wissen die wenigsten Ärzte genug über diese Zusammenhänge, so daß die allgemeine Aufklärung darüber mangelhaft ist. So werden in den meisten Fällen weiterhin chemische Arzneimittel geschluckt, die zur weiteren Vergiftung beitragen, wo im Grunde eine Ernährungsumstellung notwendig wäre.

Viele Krankheiten würden sich eher durch psychische Betreuung und eine entgiftende Ernährung heilen lassen als mit herkömmlichen Medikamenten, was natürlich die Bereitschaft zur eigenen Mitarbeit und die Übernahme der Verantwortung für den eigenen Körper erfordert. Leider scheint die herkömmliche Methode die einfachere zu sein, und da der Mensch im Grunde konservativ und schwerfällig ist und deshalb Schwierigkeiten mit der Umstellung von alten Lebensgewohnheiten hat, ist es ihm sowieso zu mühsam, sich auf neue Ideen einzulassen, und so fällt meistens die Entscheidung zugunsten des »Normalen.«

Erst wenn du beginnst, über dich und den Sinn deines Lebens nachzudenken, wächst in dir auch die Bereitschaft zur Veränderung, dich Neuem zu öffnen. Ein guter Auftakt dazu kann eine gründliche körperliche Entgiftung sein, als gezielte Fastenkur – keine Diät, sondern wirkliches Fasten – oder die Umstellung deiner Ernährung auf reine Rohkost. Ich ließ mich – da ich sehr viel zu tun hatte – auf die Instinkttherapie nach Guy Burger ein (siehe Literaturverzeichnis).

In meinem »Augentagebuch« steht:

»Auch meine Essensgewohnheiten und die Art der Nahrung habe ich verändert. Morgens esse ich erst spät, gegen neun oder zehn Uhr, und dann nur Obst – zur Reinigung. Im Frühjahr habe ich zwei Monate zur Entgiftung nur Rohkost gegessen, und da es mir so gut bekam, den ganzen Sommer über weiter fast ausschließlich Rohkost. Jetzt esse ich auch schon seit vier Wochen wieder nur Rohkost, da mir inzwischen alle Amalgamfüllungen aus den Zähnen entfernt wurden und ich nun eine Totalentgiftung mache. Es bekommt mir sehr gut. Ich fühle mich nie mehr voll, obwohl ich mich immer satt esse, die Früchte und rohen Gemüse, Salate und Nüsse sind mir ein Genuß, und ich habe den ganzen Sommer mein Idealgewicht von 58 Kilogramm. Ich fühle mich leicht und frei, klar im Kopf und sensibilisiert und kann wunderbar arbeiten, verfüge über eine Energie wie nie in meinem Leben. Meine Haut ist glatt und zart wie Babyhaut. Ich vermute, daß auch die Sehverbesserung damit im Zusammenhang steht. In der ersten Woche merkte ich erhebliche Entgiftungserscheinungen: Schwindel, Kreislaufschwäche, Leere und Dösig-

keit im Kopf, Müdigkeit und Pickel im Gesicht. Jetzt ist es
wunderbar, und die Ernährungsweise erscheint mir im wahrsten
Sinne des Wortes paradiesisch: Von allen Früchten des Gartens
Eden dürft ihr essen.«

Auch heute ernähre ich mich immer noch hauptsächlich
mit Rohkost, wobei ich auch bewußt Ausnahmen mache,
einerseits um die Wirkung der sogenannten »normalen«
Ernährung im eigenen Leib zu spüren, andererseits um
mich nicht zu sehr aus dem allgemeinen sozialen Leben
auszuschalten und meinem Körper zu signalisieren, daß
er weiterhin in der Lage sein muß, auch alles andere zu
verdauen.
Wie reinigend und stabilisierend die Rohkosternährung
für den Körper ist, wird mir vor allem dadurch bewußt,
daß ich seit Jahren nicht mehr krank war, noch nicht
einmal Erkältungen im Winter hatte, worunter ich zeit
meines Lebens immer sehr gelitten hatte. Mein Immunsystem hat sich so stabilisiert, daß es siegreich aus jedem
Kampf mit herumschwirrenden Krankheitserregern her-
vorgeht. Das bedeutet natürlich auch, daß ich mir meine
Muße und Erholungszeit selbst gestatten muß und nicht
mehr darauf warten kann, daß der Körper sie sich in Form
einer Krankheit nimmt.
Im Laufe der Jahre habe ich herausgefunden, daß die
Qualität des Sehens wirklich sehr von der Art der Ernährung abhängt. Ist die Nahrung schwer verdaulich mit viel
tierischem Eiweiß, wird das Sehen schlechter, unbeweglicher, grauer. Auch jede Art von Drogen wie Kaffee, Tee,
Süßigkeiten, Alkohol, Rauchen, Medikamente und natürlich harte Drogen oder Rauschgift beeinträchtigen die
Sehfähigkeit. Die unverarbeiteten Ablagerungen aus der

Nahrung verhärten mit der Zeit auch die feinen Hornhautschichten der Augenlinsen, so daß diese unbeweglicher werden und die Altersweitsichtigkeit beschleunigen. Rohkosternährung dagegen löst alte Gifte und Ablagerungen, da unser Körper sie am besten aufschließen kann, verbessert dadurch die Blutzirkulation und das Sehen und verzögert oder verhindert sogar die Linsenverhärtung und damit die Lesebrille.

Grundsätzlich kann unser Körper die Nahrungsmittel am besten verdauen und verwerten, die am wenigsten verändert wurden, so wie die Natur sie anbietet, ungekocht, ungebraten, ungebacken – also im Rohzustand. Wenn du dich einmal auf dieses Experiment einläßt, wirst du staunen, wie viele Gemüsearten roh vorzüglich schmecken. Wichtig dabei ist natürlich das gute und ausreichende Kauen, da es eine notwendige Vorverdauung bedeutet, um keine Gärungen im Darm zu verursachen.

Du solltest auch während des Essens nichts trinken, um die Verdauungssäfte voll zur Wirkung kommen zu lassen. Bei dieser Art der Ernährung erwachen deine körpereigenen Instinkte wieder, so daß deine Sinne schon durch Geruch oder Geschmacksveränderung signalisieren, wann es genug für dich ist, worüber im allgemeinen durch Gewürze und Soßen hinweggetäuscht wird. So wirst du nie zuviel essen und bekommst mit der Zeit deine Idealfigur, so wie ich meine seit Jahren ohne Mühe erhalte und mich daran freue.

Eine wichtige Rolle spielen bei dieser Ernährung noch die Farbenergien und die Lebensenergie der lebendigen, nicht totgekochten Pflanzen. Drapiere eine Schale mit frischem Obst und Gemüse, und vergleiche sie mit gekochtem. Lasse die Farben und energetische Ausstrahlung beider Möglichkeiten auf dich wirken, und nimm den Unterschied wahr. Mach dir bewußt, daß jede Frucht und Pflanze sich dir als Opfer darbringt, wenn du sie ißt, um zu leben, und behandle sie dementsprechend mit Ehrfurcht und Dankbarkeit. Sie wird es dir lohnen. Wenn du irgendwann einmal – in einer stillen Minute, in der du dich andächtig mit deinem Obst- oder Gemüseteller beschäftigst – die kleinen Wesenheiten »siehst«, die mit jeder Pflanze verbunden sind, wird es dir in Zukunft schwerfallen, Gemüse »tot« zu kochen oder zu braten.

Seine alten Ernährungsgewohnheiten umzustellen ist natürlich ein Prozeß, der nicht von heute auf morgen stattfindet. Laß dir Zeit, und, vor allem, zwing dich zu nichts, sondern laß als Vorbereitung die innere Einsicht wachsen, daß du etwas verändern willst. Mach dir auch keine Vorwürfe, wenn du Rückfälle erlebst, die sind normal und durch das kosmische Pendelgesetz des Energieausgleichs quasi vorgegeben.

In meiner Entwicklung war das Rauchen das erste, was ich von einem Tag auf den anderen – zum Glück mit Manni zusammen – im ersten Sommer in unserem Haus aufgab. Anschließend schränkten wir Fleisch, Süßigkeiten und Alkohol immer mehr ein und bis zu dem Augenblick, wo wir Fleisch nicht mehr mochten. Dabei bezeichne ich mich nicht als Vegetarierin – obwohl ich fast nur von Rohkost lebe –, denn ich möchte mir alle Möglichkeiten offenhalten, um in dem Moment, wo ich wirklich mal Appetit auf etwas Bestimmtes haben sollte, es mir nicht verwehren zu müssen oder Schuldgefühle zu entwickeln. Jeder Dogmatismus ist mir ein Greuel; das Leben ist kein Jammertal, sondern eine Quelle ewiger Freude, die wir auch ausschöpfen sollten, und das Essen ist ein ganz wichtiger Teil davon, wenn wir lernen, zwischen Genuß und Gier zu unterscheiden: Es liegt in deiner Hand, ob du dich göttlich fühlst oder den sogenannten menschlichen Trieben ausgeliefert.

Süßigkeiten esse ich selten, in Maßen und mit Genuß, desgleichen trinke ich gern mal ein gutes Glas Wein, wobei ich natürlich die Wirkung sehr konzentriert spüre. Kaffee und schwarzen Tee brauche ich gar nicht mehr, nur in Italien trinke ich ab und zu einen Cappuccino, der mir wesentlich besser bekommt als deutscher Kaffee. Wenn du mal vier Wochen lang auf Kaffee und schwarzen Tee verzichten kannst und anschließend nur eine Tasse davon trinkst, spürst du schon, welche Wirkung diese Drogen in deinem Körper verursachen. Der dauernde Konsum von solchen Giften macht den Körper mit der Zeit so apathisch und krank, daß er es aufgibt, sich noch dagegen zu wehren. Er läßt die Dauervergiftung über sich ergehen und verfällt irgendwann einem Herzanfall oder einer anderen Krankheit.

So genieße ich mein Leben in einem schönen, gesunden, widerstandsfähigen Körper, der es sogar – trotz fremder, ungewohnter Ernährung auf einer Ägyptenreise – fertigbrachte, allen fremden Krankheitserregern zu widerstehen und mich als einzige der gesamten Reisegruppe gesund erhielt, worüber alle staunten, da ich sogar die frischen Salate aß, auf die sie schon vorbeugend verzichteten.

Ein belasteter und vergifteter Körper ist energetisch schwerfällig und träge. Die Befreiung von Giften und überflüssigen Ablagerungen, die innere Reinigung des materiellen Körpers also, erhöht deine energetischen Schwingungen und erleichtert dir die Öffnung der geistig-spirituellen Kanäle deines feinstofflichen Körpers, so daß du mit der Zeit deine innere Stimme, die zu Anfang ganz leise und fast unhörbar ist, immer deutlicher und sicherer wahrzunehmen in der Lage bist. Vielleicht sagst du jetzt: »Es gibt viele innere Stimmen in mir«, aber ich bin sicher, daß du ganz genau weißt, welche deiner inneren Stimme ich meine. Es ist diejenige, von der auch du tief innerlich überzeugt bist, daß sie dir die Wahrheit sagt, auch wenn es zu Anfang schwierig ist, wirst du sie im Laufe der Zeit mit immer größerer Sicherheit von den anderen unterscheiden lernen. Und wenn du irgendwann in der Lage bist, dich ihr anzuvertrauen, ihr die Lenkung deines Lebens zu überlassen, wird sich auch in deinem Leben vieles zu deiner Freude verändern.

7. Stufe

Äußere und innere Klarheit

> Ich sah den Herrn mit dem Auge des Herzens,
> und ich sagte: Wer bist du?
> Er sagte: Du!
>
> *Al Hallaj*

Schon als Kind wußte ich, daß Gott etwas Besonderes mit mir vorhatte in meinem Leben, daß ich zu einer ganz besonderen Aufgabe bestimmt sei, daß es möglich sein müßte, mein Leben optimal zu leben und nicht in der unbefriedigenden, frustrierenden Mittelmäßigkeit zu versacken, die ich um mich herum wahrnahm. Später wurde diese Gewißheit verdrängt durch die Notwendigkeit der Existenzfindung in der Realität. Erst durch die zunehmende Kontaktaufnahme mit meinem inneren Sein tauchte diese Sicherheit aus dem Urgrund meines Unbewußten wieder an die Oberfläche des alltäglichen Bewußtseins empor und wurde mir mit der Zeit zu einer Erklärung der Ereignisse meines Lebensverlaufs.

Ich bin davon überzeugt, daß in jedem Menschen – wenn auch vielleicht ganz tief verborgen – dieses Urwissen, das den Antrieb seiner körperlichen Existenzaufnahme bedeutet, vorhanden ist. Der Sinn des menschlichen Lebens besteht sicherlich darin, diesen verborgenen Schatz in sich wiederzuentdecken, dadurch die Erleuchtung des Gesamtbewußtseins zu erlangen und sich der damit verbundenen Klarheit zu stellen, was letztendlich bedeutet,

127

sich der göttlichen Führung anzuvertrauen, sich ihr hinzugeben. Durch diesen Prozeß, der im ersten Moment so aussieht, als wende er sich gegen die persönliche Freiheit des Individuums, entsteht – so widersinnig es auch klingen mag – das menschenmögliche Höchstmaß an freier Selbstentfaltung und Freude.

Da das menschliche Wachbewußtsein nur einen beschränkten Radius zu überblicken in der Lage ist, zwingt es der Selbstschutz in dogmatische Formen und Gesetze, die es einzuhalten gilt, da die Angst vor dem nicht zu überblickenden, außerhalb des Bewußtseins liegenden Geschehens den Menschen ununterbrochen verfolgen und unter Umständen in den Wahnsinn treiben würde. Erst die Rückbindung in das göttliche Allgemeinbewußtsein verschafft den Einblick in bis dahin verschlossene Existenzbereiche und damit den Überblick über die Gesamtheit der Lebenszusammenhänge. Dieser Zustand führt zu einer nie für möglich gehaltenen Selbstsicherheit und Lebensfreude, die von keinen kleinlichen Widerständen mehr behindert wird, denn gemäß dem Satz: »Du bist frei in deinen Entscheidungen, aber gebunden an die Folgen!« werden diese schon vorher erkannt, und jene dementsprechend zur eigenen Zufriedenheit getroffen.

Das göttliche Universalbewußtsein kann besser überblicken, welche Entscheidung für mich im Hinblick auf die Zukunft richtiger ist, als es für meinen eigenen beschränkten Bewußtseinshorizont je möglich wäre.

Folgendes Beispiel aus meinem »Augentagebuch« illustriert das, was ich meine, meines Erachtens sehr anschaulich:

»*Erst jetzt, nachdem ich drei Jahre lang mit Manni zusammen in unserem neuen Haus wohne, erkenne ich, wie wichtig diese Entscheidung für mich und meine jetzige Tätigkeit war. Obwohl sich mein Verstand und meine Gefühle heftig dagegen gesträubt hatten, mich von dem alten – gerade fertig gewordenen – Haus zu trennen, war mir intuitiv klar, daß ich mit Manni zusammen etwas Neues beginnen müsse. Schon die Tatsache, daß uns das Haus sozusagen in den Schoß fiel, zeigte mir, diese Entscheidung war die richtige gewesen. Das hatte ich inzwischen schon gelernt, daß der richtige Weg der mit den wenigsten Widerständen ist, da diese sich immer dann aufbauen, wenn wir in die falsche Richtung gehen, um uns wieder in die richtige zu lenken.*

Als wir das Haus bezogen, wußte ich noch nicht, daß ich die Ausbildung zur Sehlehrerin machen würde, und erst jetzt ist mir klargeworden, wie wichtig dieses große, helle Haus mit seinen vielen Möglichkeiten für meine Kursarbeit ist. Alles, was ich hier verwirklichen kann, wäre in meinem ehemaligen Häuschen gar nicht möglich gewesen. Hier gibt es außer unserer noch die obere Wohnung, wo die KursteilnehmerInnen wohnen können, den großen Heuboden mit ausreichend Platz, um den Gruppenraum auszubauen, und rund ums Haus herum ruhige, sonnige, windgeschützte lauschige Eckchen zum ungestörten Arbeiten und Spielen. Außerdem unten im ehemaligen Schweinestall meine großzügige Töpferwerkstatt mit Ausstellungsatelier und genügend Raum für Mannis Werkstätten und Büro.«

Durch dieses und ähnliche Beispiele ermutigt, wurde es mir immer leichter und selbstverständlicher, mich meiner inneren göttlichen Führung zu überlassen. Das anfängliche Mißtrauen – genährt durch kirchliche Beispiele von Selbstkasteiung und mönchischer Beschränkung – verschwand und machte einer glücklichen, freudigen

Selbstzufriedenheit Platz, deren Schwingungen sich auch langsam auf meine Umgebung übertrugen. Ich, die ich mich früher oft mißmutig und selbstmitleidig-depressiv in mein Schicksal als Opfer der Umstände und der Umgebung ergeben hatte, wurde immer freudiger, fröhlicher und strahlender, voller Energie und Schaffenskraft. Das Leben begann, mir richtig Spaß zu machen – was ich auch in meinem »Augentagebuch« festhielt:

»Ich merke, wie ich immer mehr das mache, was mir guttut, wie ich meine Gefühle beobachte und bewußter wahrnehme, was mich herunterzieht und schwächt, seien es Menschen oder Situationen, denen ich mich entziehe oder die ich bewußt so schnell wie möglich hinter mich bringe. Statt dessen suche ich Menschen und Ereignisse, mit denen oder in welchen ich mich wohl fühle, die ich genießen kann, und ich tue das mit großem Behagen, indem ich mich dort ganz hineingebe und die aufbauenden Energien in mir aufnehme. Das können Gespräche sein oder kleine Freuden wie ein lustiger Einkaufsbummel mit einer Freundin, das kann genauso ein Wald- oder Meerspaziergang sein sowie ein farbenprächtiger Sonnenuntergang, auch der Besuch eines guten Restaurants, eines Konzerts, Theaters oder Kinos gehören dazu. Ich finde diesen positiven Energieaufbau auch, wenn ich im Garten in der Sonne liege, den Vögeln zuhöre oder mit Manni etwas Schönes unternehme, woran wir beide Freude haben.

So habe ich inzwischen gelernt, ohne Schuldgefühle zu genießen, freudige Situationen bewußt herzustellen und die daraus entstehenden positiven Kräfte mit Wonne aufzunehmen und in mir zu entfalten, wo sie mir dann für die Bewältigung der alltäglichen Aufgaben und in meiner Arbeit zugute kommen.

Und bei alledem weiß ich, daß Gott seine Freude daran hat, ja, er ermuntert mich dazu, da er durch mich die positiven Möglichkei-

ten seiner Schöpfung erlebt. Ich hätte früher nie gedacht, daß ich mich jemals in meinem Leben so wohl fühlen könnte!«

Wenn ich das Wort »Gott« benutze, liegt dem keine bestimmte Glaubensrichtung zugrunde, sondern einzig die Unfähigkeit der Wortfindung, das Absolute neu und umfassend zu benennen. So halte ich mich an den Begriff »Gott«, der mir aus meiner christlichen Erziehung vertraut ist, den ich heute allerdings ganz anders sehe als früher. Viele Jahre lang war es mir unmöglich, das Wort »Gott« überhaupt zu sagen oder zu denken. So hat es heute einen ganz neuen Klang für mich, vergleichbar dem Namen eines geliebten Menschen, den ich für immer verloren glaubte und plötzlich wiederfand, um zu entdecken, daß er ganz anders ist als in meiner Erinnerung. Daraus ergibt sich natürlich die Frage: »Wie ist Gott denn? Wer oder was ist er?« Dazu seien erst einmal einige Gedanken von C. G. Jung wiedergegeben:

»Damals ist mir aufgegangen, ich bin verantwortlich und es liegt an mir, wie sich mein Schicksal gestaltet ... Niemand hat mir die Sicherheit nehmen können, daß ich gesetzt sei, das zu tun, was Gott will und nicht, was ich will. Das gab mir oft das Gefühl, in allen entscheidenden Dingen nicht mit den Menschen, sondern allein mit Gott zu sein. Immer, wenn ich ›dort‹ war, befand ich mich außerhalb der Zeit ... und der, der dann Antwort gab, war der, welcher schon immer gewesen war und immer ist. Die Gespräche mit jenem ›anderen‹ waren meine tiefsten Erlebnisse: einesteils blutiger Kampf, andererseits höchstes Entzücken ....
Gott ist nicht menschlich. Das ist seine Größe, daß nichts Menschliches an ihn heranreicht. Er ist gütig und furchtbar, beides, und darum eine große Gefahr, vor der man sich natürlicherweise zu

131

retten versucht. Man klammert sich einerseits an seine Liebe und
Güte, damit man nicht dem Versucher und Vernichter verfalle.
Das hat Jesus auch bemerkt und darum gelehrt: Führe uns nicht
in Versuchung!«

Für mich ist Gott in allem, in der gesamten Schöpfung –
er ist die Schöpfung.
Er ist das Feuer des Lebens – aufbauend und verzehrend.
Er ist die Sonne, die abends vielfarbig hinter dem Hori-
zont verschwindet, um am Morgen ebenso vielfarbig wie-
deraufzutauchen.
Er ist der Vogel, der im Frühlingswind zwitschert, und der
ruhende Fels in der Tiefe des Berges.
Er ist die sprudelnde Quelle, die am Berghang entspringt,
und das Meer, wo hinein das Wasser des Flusses sich
ergießt.
Er ist das Gute und das Böse – er beinhaltet das gesamte
Spektrum des Möglichen.
Wie das Licht in allen Farben zerfällt, wenn es durch ein
Prisma gebrochen wird, so spaltet sich Gott auf in alle
Aspekte des Seins, wenn er sich in die Materie ergießt.
In den alten Kulturen wurden diese unterschiedlichen
Aspekte durch die verschiedenen Götter dargestellt, heute haben wir es schwerer, da die Kirche nur den Schöpfer
und Gottvater propagiert, der die positiven Anteile in sich
vereinigt. Sie hat ihn geteilt, ihm das Gute, dem Teufel das Böse zugeordnet, obwohl in Gott alles enthalten
ist!
Er ist in mir und in dir – in jedem Menschen, sei er gut
oder böse, arm oder reich –, wir alle haben Anteil an ihm,
denn wir sind seine Schöpfung, und er ist seine Schöpfung. Zuerst war da die unbestimmte Sehnsucht, die etwas

suchte, was ich nicht benennen konnte, was mir auch gar nicht bewußt war. Ich suchte es in der Liebe, dem Rausch, in Traumwelten, Musik und Kunst und in meiner Arbeit, fand es aber nirgends. Es gab immer nur Momente von Befriedigung. Erst in der Meditation, den zeitlosen Augenblicken des Aufgehens in der Unendlichkeit des Seins, fühlte ich, daß ich mich der Erfüllung, der Befriedigung meiner Sehnsucht näherte. Zeitweise bestand sogar die Gefahr, daß ich mit dem Bewußtsein gar nicht daraus zurückkommen wollte, was der Körper natürlich verhinderte, da er sein materielles Recht forderte. Aber auch dort blieb es immer nur bei Ahnungen, Andeutungen, Visionen, was meine Sehnsucht nur noch verstärkte. Irgend etwas Entscheidendes fehlte noch – ich wußte nur nicht, was, bekam auch keine Antwort darauf in Büchern oder Gesprächen.

Eine innere Unruhe ergriff mich, die mich dazu veranlaßte, verschiedene Workshops mitzumachen, in denen ich mit Erdheilung, Natur- und kosmischen Energien anders, als ich es gewohnt war, in Berührung kam. So lernte ich in der Begegnung mit dem überaus sensitiven Marko Pogačnik (siehe Literaturverzeichnis) eine mir bis dahin fremde Auseinandersetzung mit der Natur und ihren Kräften kennen, was mich noch sensibler spüren ließ und weiter öffnete für die Gottesbegegnung in der Natur.

In einem Workshop mit den Leitern B. und L. machte ich die Erfahrung der durch alle Chakren aufsteigenden Kundalini-Energie und neuer spiritueller Ebenen.

Ich schrieb in mein »Augentagebuch«:

»... Dann entstand in mir ein leuchtendes androgynes Geistwesen, das mich mitnahm auf eine Reise durch verschiedene Dimensionen und sich als meine Seele darstellte. Mir war plötzlich klar, daß die spirituelle Ebene, die ich suchte, in mir war und nicht irgendwo oben außerhalb. Mich überkam ein ungeheures Glücksgefühl und tiefe Liebe für mich und meine Umwelt. Alles Mißtrauen, aller Zweifel B. und L. gegenüber waren verschwunden. Ich habe die göttliche Liebe in mir wiederentdeckt, den uralten Haß und das Mißtrauen überwunden. Ich bin erneuert, transformiert, göttlicher. Das Vertrauen in meine innere Führung ist noch stärker geworden und bewahrt mich vor euphorischen Fehlhandlungen. So werde ich gezielt zu den für mich wichtigen Dingen geführt, wogegen mir von anderen abgeraten wird, so daß meine Zeit und mein Geld wirklich vernünftig eingesetzt werden. Es läuft sich gut auf dem roten Teppich. Ich genieße es mit Freude und Begeisterung. «

Obwohl ich mich auf Geheiß meiner inneren Führung für dieses Wochenende entschieden hatte, tauchten immer wieder Zweifel an der Persönlichkeit der beiden Leiter auf, so daß ich mich nicht total einlassen konnte. Trotzdem meldete ich mich zu einem weiteren zehntägigen Ägyptenkurs an, der sich mit Tempelheilung befassen sollte. Ein Jahr vorher hatte ich Ägypten als Touristin besucht und fühlte mich dort wie »nach Hause« zurückgekehrt.

In meinem »Augentagebuch« steht:

»Ägypten! – Eine Rückführung erlebt, gestaltet, genossen und wieder losgelassen.
Am letzten Tag der Sonnenaufgang bei den Pyramiden unter widrigen Umständen, ganz anders als vorgesehen und geplant,

brachte mir die Erkenntnis, daß die Sonne mit jedem neuen Aufgang einen neuen Tag bescheint, daß Vergangenes wirklich vorbei ist, die alten Kräfte sich verändert haben, daß wir nur die Erinnerung zu Hilfe nehmen dürfen an das Alte, Große, um das Neue, Momentane optimal zu gestalten, daß in jedem Moment neue Kräfte wirken und daß das Hier und Jetzt – meine Umgebung, meine Arbeit – meine Kraft und Aufgabe ist für dieses Leben. Die Kameltreiber und Händler nutzen die alten Kulturschätze auf optimale Weise, um ihr jetziges Leben damit zu finanzieren, indem sie die Touristen ausnehmen. Das ist ihr gutes Recht. Die »sauberen« europäischen Reisegesellschaften machen es genauso, nur noch geschickter, und die Weste bleibt weiß. Die ägyptischen kleinen Gauner zeigen den Dreck wenigstens auch nach außen, so daß wir wissen, woran wir sind. Sie sind ehrlicher, feilschen aus Spaß, als Spiel, nicht aus reiner Profitgier.

Ich habe mich sehr wohl gefühlt in diesem Land, wo ein Lächeln die Gesichter und Herzen erschließt, dessen Strahlen aufgeht wie die kraftvolle Sonne, wie zu Hause – aber auch nicht mehr dorthin gehörig.«

Diese Reise als Vorbereitung betrachtend, machte ich mich nun unter widrigen Umständen – es war während des Golfkrieges – wieder auf in das Land der Pharaonen, um, wie ich annahm, meinen Beitrag zur Rettung der Erde zu leisten.

Ägypten zeigte mir sein ganz anderes Gesicht, das, worin Touristen keinen Platz haben, denn es waren zur Zeit keine da. Die Armut, der Fatalismus, die leeren Hotels, das Dahinsiechen und Sterben auf den Straßen – da die Touristeneinnahmequelle versiegt war – berührten mich tief. Daneben vollführten B. und L. ihren »Tem-

pelheilungszirkus« – so kam es mir nach einigen Tagen
vor.

In den menschenleeren verfallenen Gemäuern der Tem-
pelanlagen wollten sie mit unserer Hilfe (zwölf Personen)
die Kräfte der Vergangenheit reaktivieren und säubern.
Da ich wußte, daß ich mich einlassen mußte, um wirklich
»dahinterschauen« zu können, aktivierte ich all meine
sensorischen, intuitiven Fähigkeiten und erhielt – auch
für den Gesamtprozeß – aufschlußreiche Visionen und
Informationen. Während all dieser Aktivitäten achtete
ich darauf, immer gut geerdet und in meinem inneren
göttlichen Licht zu bleiben. Dadurch bemerkte ich, wie
die übrigen Gruppenmitglieder langsam »vernebelt«
wurden und B. immer autoritärer und suggestiver wurde.
Auch mich versuchte er durch Schmeicheleien für seine
Organisation zu werben, was mein anfängliches Mißtrau-
en reaktivierte. Ich wurde hellwach, forderte ihn heraus,
wodurch er verunsichert wurde und ich seine wahren
Absichten erkannte. Ich verließ dann die Gruppe, wodurch ich mich zur »Verräterin« machte, denn die Zahl
Zwölf war Voraussetzung für den Tempelheilungsprozeß.
Zwei andere Gruppenmitglieder folgten meinem Beispiel, verließen ebenfalls die Gruppe und den Prozeß und
fühlten sich – genau wie ich – von einem ungeheuren
Druck befreit.

In der folgenden Nacht erlebte ich einen Traum, den ich
im »Augentagebuch« niederschrieb:

*»Ich träumte, daß ich im Wasser bin und plötzlich von einem
mächtigen Sog unter Wasser gezogen werde. Ich kann mich nicht
dagegen wehren, denn gleichzeitig spüre ich einen ungeheuren
Druck auf meinem Kopf, der mich noch zusätzlich nach unten*

drückt. Ich fühle mich gespalten, auf der einen Seite die Verzweif-
lung, diesem Druck nicht widerstehen zu können und zu ersticken
durch Ertrinken, auf der anderen Seite die Apathie, mich einfach
darin aufzugeben. Beides ist mir blitzartig klar.
Urplötzlich entschließe ich mich, ins Wachbewußtsein aufzutau-
chen, aber der Druck blieb. Deshalb vermutete ich, daß B. irgend
etwas mit mir machte, hüllte mich in meinen göttlichen Licht-
schutz, formte ihn wie eine Rakete, ließ mich wieder in den Traum
gleiten und durchbrach den Druck mit dieser Lichtrakete. Der
Druck wich sofort, und langsam wurde mein Kopf klar. Ich
schickte alle mich angreifenden negativen Energien zurück zu
ihrer Quelle, indem ich mich gleichzeitig von ihnen reinigte, und
fühlte mich in Gottes Schutz.
Ich blieb wach, es war ungefähr vier Uhr morgens. Wenn ich es
nicht gelernt hätte, im Traum bewußt zu sein, wäre es sicherlich
anders ausgegangen.«

Dieses Ägyptenerlebnis empfand ich wie eine Einweihung. Ich war dorthin geführt worden, um Prüfungen
durchzumachen und – vielleicht – zu bestehen. Um in
meiner göttlichen Führung zu bleiben, mußte ich für die
Gruppe die »Verräterin« sein, was mir sehr schwerfiel,
außerdem den Schmeicheleien B.s und seinem Lob über
meine »Fähigkeiten« widerstehen. Ich hatte die Prüfung
bestanden und fühlte mich wunderbar. Mir war klargeworden, daß negative Kräfte nie mit positiven konkurrie-
ren können, daß sie immer überwunden werden, da ihre
energetische Schwingung niedriger ist. Deshalb ist es
unnötig, vor irgend etwas Angst zu haben, solange ich
mich Gottes Schutz anvertraue. Nach diesem Erlebnis
fühlte ich mich behütet und getragen auf Engelsschwin-
gen. Ich tauchte ein in das wahre Ägypten und wurde

belohnt mit einer Fülle wunderbarer Erlebnisse und freundlicher menschlicher Kontakte.

Ich schrieb in mein »Augentagebuch«:

»Ich bin immer im Schutz meines wahren, einzigen ewigen Lichtes und seiner Helfer. Ich spüre es all die Tage, wie wunderbar die göttliche Führung ist. Soviel Liebe und Hilfe wird mir entgegengebracht, mein Herz ist offen, und ich fühle mich frei wie ein Vogel unter dem Himmel, der zwitschert vor Freude und singt zur Ehre des Schöpfers. Das ist die wahre göttliche Führung und nicht der Druck, der von B.s und L.s ›Führern‹ ausgeht. Ich fahre heim und freue mich auf alles, was kommt!«

Durch das Ägyptenerlebnis hatte ich viel gelernt, zum Beispiel erfuhr ich die Zwiespältigkeit Gottes. Denn mir war klar, daß es auch in seinem Sinne ist, Menschen wie B. und L. Gruppenarbeit ausführen zu lassen, da jeder Mensch seine eigene und von anderen unterschiedliche Lernerfahrung braucht. Obwohl es mir zu Anfang schwer begreiflich war, verdeutlichte es sich doch langsam immer mehr, daß für die Gruppenmitglieder, die unter ihrer Führung geblieben waren, gerade diese Erfahrung des Beherrscht- und Manipuliertwerdens eine wichtige war.

Aber diese unbestimmte Sehnsucht war immer noch da. Der Tempelwissenschaftler Peter Dawkins erschloß mir die Hierarchien der Engelwelten. Parallel dazu beschäftigte ich mich schon seit Jahren mit dem Buch *Die Antwort der Engel* von Gitta Mallasz (siehe Literaturverzeichnis), indem ich über viele der dort enthaltenen Weisheiten meditierte; überhaupt wurden mir die Meditationserlebnisse immer wichtiger, erschien es mir doch so, daß in ihnen meine Sehnsucht am ehesten befriedigt würde – was ich auch in meinem »Augentagebuch« festhielt:

»Heute erfahren in der Meditation: Das innere Sehen ist das wahre Sehen, denn es ist das Erkennen, die Klarheit. Erkenne, daß Gott in dir ist, daß sein Herz dein Herz ist, daß du ruhst, geborgen und warm, liebevoll gehalten und geführt in seinem Herzen. Du brauchst keinen Meister, um ihn zu finden, du mußt ihn nur in dir erkennen und dich auf ihn einlassen, dich seiner Führung hingeben, dann wirst du deinen Lebensweg gehen, ohne dauernd auf Widerstände zu stoßen. Dann schreitest du auf Engelsflügeln, und alle göttlichen Geister dienen dir freiwillig und ebnen deinen Lebensweg. Du wirst Freude und Glück empfinden und die göttliche Liebe ausstrahlen, und sie wird wie Feuer brennen und die Flamme in den Herzen der Menschen entzünden, die dir begegnen.«

Es war mir schon längst eine Gewißheit, daß das menschliche Leben nicht auf dieses eine beschränkt sein könne, sondern daß der Mensch in einem Zyklus von mehreren Leben einen Selbsterkennungsprozeß auf der körperlich-materiellen Ebene durchschreitet. Auch Jesus spricht von der Wiedergeburt des Menschen, und erst ein päpstliches Edikt im 4. Jahrhundert erklärte sie für ungültig.

In den östlichen Religionen ist die Reinkarnation selbstverständlich, und auch von vielen der alten »heidnischen« Kulturvölker wurde sie in unterschiedlichen Formen bejaht. Bei Meditationen und Rückführungen in frühere Leben wurde mir die Idee des öfteren bestätigt, und sogar C. G. Jung plädiert dafür:

»... es bedeutet für die meisten Menschen sehr viel anzunehmen, daß ihr Leben eine unbestimmte Kontinuität über die jetzige Existenz hinaus habe. Dann leben sie vernünftiger, es geht ihnen besser, und sie sind ruhiger ... man hat eine unausdenkbare Zeit zu verschwenden! Warum dann diese sinnlose Hetzerei?«

Durch die Rückführungserlebnisse erschlossen sich mir auch die Ursache und Wirkung der Lebenszusammenhänge und in welchem Maße körperliche Faktoren wie zum Beispiel Kurzsichtigkeit durch Erlebnisse und Situationen in einem früheren Leben bedingt sein können.

So söhnte ich mich immer mehr mit meiner Sehschwäche aus; und je mehr ich mich mit ihr aussöhnte, indem ich sie einfach als solche hinnahm, desto klarer wurde mein Sehen. Jedesmal wenn ich aus der Meditation auftauchte, sah ich wunderbar klar und deutlich. Dieses phantastische Sehen hielt so lange an, bis der Streß des Alltags mich wieder im Griff hatte.

Darüber berichtete ich natürlich auch meinem »Augentagebuch«:

»In der Meditation habe ich die Klarheit gefunden. Wenn ich innerlich Klarheit bekomme, kann ich auch äußerlich total klar sehen. Durch die alltägliche Routine, von der ich mich dann gefangennehmen lasse, verschwimmt die Klarheit dann langsam wieder. Inzwischen kann ich sie aber auch durch bewußte Augenentspannung erzeugen. Das ist herrlich, denn es ist der Beweis, daß es funktioniert!«

Also auch bewußte Augenentspannungen bringen mir die Klarheit des Sehens, so daß für mich inzwischen feststeht: Wenn ich will, kann ich ganz klar und deutlich sehen! Ich bin in der Lage, die äußere Klarheit des Sehens bewußt herbeizuführen.

So muß ich heute nur noch selten meine Brille benutzen und bin zufrieden, wenn ich sie in Streßsituationen, in schlecht beleuchteten Bahnhöfen oder Flugabfertigungshallen, überhaupt bei schlechtem Licht und wenn ich müde und abgespannt bin, aufsetze. Auch im Auto habe ich sie immer dabei, da ich kein Risiko eingehen möchte.

Oft genieße ich es auch, mich der Verschwommenheit auszuliefern, mich in sie einzukuscheln und darin auszuruhen. Es ist keine Flucht mehr vor Ängsten oder dergleichen, sondern nur ein anderer Seinszustand, der es mir erleichtert, in die »andere Wirklichkeit« überzuwechseln. Wenn mein Blick sich aus der Fixierung der materiellen Welt löst, gleitet er weich – ohne sich auf etwas Bestimmtes zu zentrieren – hinüber in die »Anderswelt«, wo ich mit Hilfe meiner »inneren Sinne« eine andere Wahrnehmungsfähigkeit einsetze, die es mir ermöglicht, intuitiv die Innenwelt einer meiner KlientInnen zu erfassen oder gezielt Heilenergien einzusetzen, wie es der momentanen Situation dient: »Du kannst durch Wände gehen bei Menschen«, sagte mir eine Auraleserin, und ein eben solches Gefühl habe ich auch häufig dabei.

Oft blutet mir das Herz, wenn ich bemerke, was alles hinter den dicken Mauern des Verdrängens und der Abwehr verborgen ist, welche Schätze dort auf ihre Entdeckung warten. Ich weiß, wie behutsam und langsam ein Vorhang nach dem anderen gelüftet werden muß, um die innere Reifung sich entwickeln zu lassen, denn alles braucht seine Zeit; und die Frucht fällt erst vom Baum, wenn sie reif ist. Wenn sie vorher gepflückt wird, schmeckt sie sauer oder bitter. Darum ist Geduld mein ständiger Begleiter, und sie sei es auch für dich.

Dabei fühle ich mich weiterhin als Lernende und oft hilflos, was ich begrüße, denn diese Hilflosigkeit hindert mich daran, stolz und überheblich zu werden, sie zwingt mich immer wieder zurück in die Demut, wodurch ich mich wirklich vertrauensvoll dem Fluß meiner göttlichen Führung hingeben kann.

Mit der inneren Klarheit hatte ich allerdings noch Mühe. Es gelang mir zwar immer häufiger, diese in der Meditation zu erreichen, aber es gab auch wieder und wieder Momente, in denen der Alltag, der sich dazwischenschob, es verhinderte. Es lag nicht in meiner Macht, die innere Klarheit bewußt herzustellen, worüber ich sehr traurig war.

Dann flatterte mir in Form eines Briefes die Aufforderung ins Haus, dieses Buch zu schreiben. Es war zwar meine Absicht, das irgendwann einmal zu tun, aber, im Moment schien es mir noch zu früh. Erst als ich merkte, daß es absolut keine Widerstände von außen gab, daß mir im Gegenteil von allen Seiten Hilfe angeboten wurde, war es auch mir klar, daß es jetzt sein sollte, und ich nahm den Auftrag an.

Um mich ganz darauf konzentrieren zu können, zog ich mich des öfteren aus meinem Alltag heraus und begab mich irgendwo in Klausur. Als ich mich für einen Monat in die Toskana zurückzog, fastete ich über einen längeren Zeitraum. Während dieser Zeit erlebte ich, daß, je stärker die körperliche Schwäche wurde, desto einfacher sich die Tür zu meinem Inneren öffnen ließ. Mir wurde bewußt, daß dieses Buch ein innerer Auftrag ist, denn nicht ich schrieb es, es wurde mir diktiert. Die innere Stimme, die ich sonst nur in Meditationen vernommen hatte, ließ sich immer lauter und deutlicher vernehmen. Oft weckte sie mich nachts und diktierte Passagen, die ich schlaftrunken, ohne zu überlegen, hinschrieb, um mich am nächsten Morgen über den komplizierten Sinngehalt zu wundern, der jedoch in präziser und gut verständlicher Ausformulierung sowie in deutlichen Bildern geliefert worden war.

So gewöhnte ich mir an, abends am offenen Kamin den Blick gedankenlos ins Feuer zu versenken, um auf die innere Stimme zu lauschen und den Inhalt auf Kassette zu sprechen oder zu notieren:

»Ein wunderbarer Tag gestern, mein siebter Fastentag. Gott in mir offenbarte sich, als ich ins Feuer schaute. Er war einfach da, ganz plötzlich, ganz klar und deutlich die Stimme, die ich sonst mühsam in Meditationen erspüren mußte und früher fast unhörbar, ganz klein und zart war, daß ich sie kaum wahrnehmen konnte. Eine Erleuchtung! Meine Erleuchtung! Ausgelöst durch das Buch Die Kraft der anderen Hand *von Lucia Capacchione (siehe Literaturverzeichnis), in dem sie mich auffordert, mit der anderen Hand mein Gottselbst sprechen bzw. schreiben zu lassen.*

Zuerst war Abwehr da, vielleicht, weil ich keine Hilfe von außen wollte; dann begann ich trotzdem, und da entstand die Stimme, wurde immer klarer und selbstverständlicher, so als ob eine andere Person in mir wäre.

Es ist phantastisch. Ich mußte lachen und weinen vor Glück und Freude, daß es so einfach ist. Ich kann einfach mit meinem Gottselbst reden, dem göttlichen Anteil in mir, alle Fragen stellen, Antworten bekommen, als wäre es nie anders gewesen. Seitdem ist eine Freude und Liebe in meinem Herzen und ein selbstver-

ständliches Lächeln in meinem Gesicht, was ausstrahlt, ich fühle es.

Den ganzen Abend habe ich vor dem Kamin gesessen, ins Feuer geschaut und Gespräche mit Gott geführt. Er sagt, daß er immer in mir ist und auch immer da war, daß ich ihn nur nicht hören konnte, weil die Tür sich nur langsam öffnet und auch nur dann, wenn wir es tun. Er kann sie nicht selbst öffnen, wartet immer nur darauf, daß wir es tun. Er wird mich nie mehr verlassen, ich kann mich auf ihn verlassen.

Gott vermittelte mir die Einsicht, daß in dem Begriff ›verlassen‹ Polarität in einem Wort ausgedrückt ist: Wenn du dich auf jemanden verlassen kannst, wirst du nicht verlassen – wenn du von ihm verlassen wirst, kannst du dich nicht auf ihn verlassen. Ich bin du, und du bist ich – wir sind eins! Wenn du mir vertraust, kannst du auch dem Gott in jedem Menschen vertrauen!«

Jetzt habe ich auch die innere Klarheit erlangt, indem ich, wann immer ich es möchte, mit meinem Gottselbst in mir sprechen kann, Antworten bekomme und klare Führung. Lebensfreude und Frieden erfüllen mich, die Sehnsucht ist gestillt, die Suche zu Ende. Ich bin zu Hause, in Gott, in der *religio*, der Rückbindung in dem Gott in mir, meinem Gottselbst.

Die Zukunft liegt vor mir und wartet, daß ich in sie eintrete.

Nachklang

>»Aber wenn man den Individuationsweg geht,
>wenn man das Leben lebt, muß man auch den Irr-
>tum in Kauf nehmen, sonst wäre das Leben nicht
>vollständig.«
>
> *C. G. Jung*

Ich hoffe, daß du mir folgen konntest in meinen Ausfüh-
rungen und daß du dageblieben bist, um mich zu begleiten auf meinem Weg, und vor allem, daß es mir möglich
war, dich einen Hauch dessen, was ich erlebte, spüren zu
lassen. Du hast einen kleinen Blick auf die *Licht*ung, die
ich fand, werfen dürfen, und vielleicht hat dich das angeregt, dich jetzt auf die Suche nach deiner eigenen *Lich-
t*ung zu begeben. Vielleicht öffnest du auch für dich eine
Tür, die dir einen neuen Raum in deinem Leben erschließt. Ich wünsche dir eine gute Reise auf deinem
Lebensweg!

Dieses Buch bringt dir vielleicht keine neuen Erkenntnisse; es ist der Bericht über eine Entwicklung, die *Ent*wicklung aus den *Ver*wicklungen eines ganz normalen Lebens
heraus in die *religio* hinein, die Rückbindung in das göttliche All-Eins. An dem Wort »All-Eins« erkennst du den
Ursprung von »allein« sein. Ja, es ist so, wenn du dich auf
diesen Weg begibst, bist du allein, allein mit dir unterwegs, aber geborgen im All-Eins Gottes.

Inzwischen bin ich fünfzig Jahre alt und Großmutter
zweier Enkelkinder, was mich sehr glücklich macht. Dadurch bin ich wirklich befreit von der Verantwortung für
meinen Sohn und entlasse ihn mit seiner jungen Familie
in die Geschäftigkeit des sogenannten realen Lebens,
wodurch ich mich vermehrt meinen geistigen Schwan-

gerschaften und Geburten widmen kann. Ich bin ihm sehr dankbar für sein Verständnis, das er meinem langen und oft mühsamen Entwicklungsweg entgegengebracht hat, denn er hat es sicherlich oft schwer gehabt.

»Die unbewußte Ganzheit erscheint mir daher als der eigentliche spiritus rector alles biologischen und psychischen Geschehens. Sie strebt nach totaler Verwirklichung, also totaler Bewußtwerdung im Fall des Menschen. Bewußtwerdung ist Kultur im weitesten Sinne und Selbsterkenntnis daher Essenz und Herz dieses Vorgangs. Der Osten mißt dem Selbst unzweifelhaft ›Göttliche Bedeutung‹ bei, und nach alter christlicher Anschauung ist Selbsterkenntnis der Weg zur cognitio Dei (Gotteserkenntnis).«

C. G. Jung

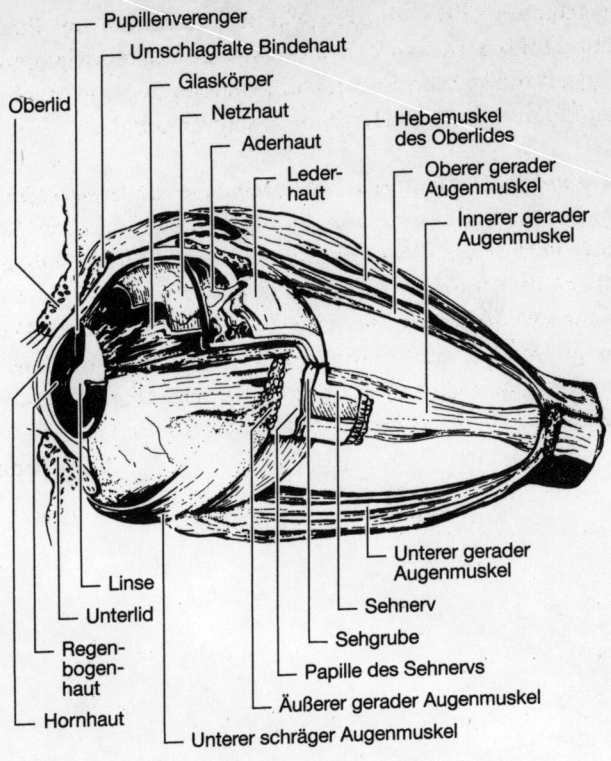

Pupillenverenger

Umschlagfalte Bindehaut

Glaskörper

Oberlid

Netzhaut

Aderhaut

Hebemuskel
des Oberlides

Leder-
haut

Oberer gerader
Augenmuskel

Innerer gerader
Augenmuskel

Linse

Unterlid

Regen-
bogen-
haut

Hornhaut

Unterer gerader
Augenmuskel

Sehnerv

Sehgrube

Papille des Sehnervs

Äußerer gerader Augenmuskel

Unterer schräger Augenmuskel

Anhang

Übungen und Spiele

1. Umzeichnen mit innerlichem Bild

Diese Übung – oder besser gesagt: dieses Augenspiel – dient dazu, die Beweglichkeit der Augen anzuregen. Außerdem ist sie dazu geeignet, die unwillkürlichen Augenbewegungen, welche die durch die Pupille einfallenden Sehstrahlen zur Fovea centralis leiten – das ist der Punkt des besten Sehens auf der Netzhaut –, zu vermehren und die Aufmerksamkeit auf die Wahrnehmung zu konzentrieren.

Halte eine einzelne Blüte oder ein Blatt in der Entfernung, wo sie gerade anfängt, dir unscharf zu erscheinen. Dann stell dir vor, deine Nase sei ein verlängerter Zeichenstift, der jetzt die Umrisse nachzuzeichnen beginnt. Nimm jeden Zacken, jede Biegung bewußt wahr, und laß dir Zeit. Schließe hin und wieder deine Augen, um dir das Bild innerlich vorzustellen und nachzuzeichnen, und öffne sie wieder, wenn du nicht mehr weiterweißt oder zum Vergleich.

Wiederhole dieses »Umzeichnen« immer wieder, und korrigiere auch dein Vorstellungsbild. Beobachte, wie bewußt du wahrnimmst, und registriere es nur, ohne Bewertung. Erlaube dir, Fehler zu machen, und liebe dich dafür. Es geht um Bewußtwerdung, nicht um Leistung. Das gilt für alle Übungen und Spiele beim »Natürlich Besser Sehen«.

Dieses Spiel sollte nicht weniger als zehn Minuten, möglichst länger dauern. Mit der Zeit treten die Umrisse des umzeichneten Gegenstandes klarer und schärfer hervor, da deine Augen beweglicher werden und deine Wahrnehmung sich verbessert.

Wenn dich Langeweile überfällt, mach dir bewußt, daß sich der konservative Körper mit solchen und ähnlichen Reaktionen gegen Veränderungen des Gewohnten – und seien sie auch heilsam für ihn – zu wehren pflegt.

Da dieses Spiel eine Anstrengung für deine Augen ist, gönne ihnen zum Abschluß Entspannung und Ruhe beim »Palmieren« (siehe Übung 4).

2. Schwingen

Das »Schwingen« ist eine wunderbare Möglichkeit, die fehlsichtigen Augen aus dem Starren zu erlösen und in Bewegung zu bringen. Da der ganze Körper sich wie in einem rhythmischen Tanz dabei mitbewegt, kannst du dir ein Fest mit schöner Musikbegleitung daraus gestalten.

Wähle dir also eine sanfte, liebevolle, schwingende Musik, stell dich mit locker hängenden Armen, die Füße schulterbreit auseinander, in den Raum, und projiziere in der Vorstellung eine wunderschöne Vogelfeder auf deine Nasenspitze, die sich teleskopartig verlängern bzw. verkürzen kann.

Jetzt beginne, deinen Oberkörper von einer Seite zur anderen zu schwingen, wobei der Kopf gerade auf den Schultern bleibt, die Augen geöffnet. Während du so hin und her schwingst, stell dir vor, daß die Feder auf deiner Nasenspitze sanft die vorbeiziehende Umgebung streichelt, jeden Gegenstand leicht berührt und sofort wieder losläßt, ohne irgendwo hängenzubleiben.

Deine Augen lernen so, viele kleine Momenteinblicke der vorbeiziehenden Umgebung aufzunehmen und sofort wieder loszulassen. Sie haben keine Zeit mehr, ins Starren zu verfallen. Starren ist Er*starrung*, ist Blockierung von Energie, führt zu Krankheit und Tod.

Vergrößere deine Bewegungsfreiheit beim Schwingen, indem du, wenn du dich nach rechts drehst, die linke Ferse vom Boden löst und umgekehrt. Die Arme schwingen einfach locker mit.

Eine belebende energetische Variante ist, draußen in der Natur vor einem gelben Rapsfeld, einer grünen Wiese, einem Kornfeld und so weiter zu schwingen, dabei die Feder zuerst vorne um die Füße herumstreicheln zu lassen und den Streichelradius immer weiter in die Ferne auszudehnen, über den Horizont hinaus in den Himmel hinein. Innerlich summst du ein fröhliches Kinderlied dazu, das dich entspannt und deine rechte kreative Gehirnhälfte anregt.

Abgesehen davon, daß die Energien der Farben sich heilsam für deinen Gesamtorganismus auswirken, nimmst du auf diese Weise auch die belebenden Naturkräfte auf, die überall in der freien Natur wirken und unentbehrlich sind für das Wohlbefinden unserer Gesamtexistenz.

3. Sehkarte
(große und kleine Buchstaben)

Mit einer »Sehkarte« solltest du immer nur spielerisch umgehen, zur wertfreien Selbstkontrolle, um die Schwankungen deines Sehens zu registrieren.

Schneide dazu aus Zeitschriften unterschiedlich große Buchstaben aus, und klebe sie – die großen oben, dann nach unten hin immer kleiner werdend – auf ein weißes Blatt Papier. Dieses befestige zwei bis vier Meter von deinem Lieblingsplatz entfernt an der Wand; wirf jeden Tag zu unterschiedlichen Tageszeiten und Lichtverhältnissen einige tanzende Blicke darauf, und beobachte die Veränderungen. Die Augen sollten tanzen, damit sie sich nicht starrend festsaugen, wodurch der Energiefluß blockiert wird.

4. Palmieren

Immer wenn sich deine Augen angestrengt fühlen, im alltäglichen Leben oder nach Übungen und Spielen, gönn ihnen fünf oder mehr Minuten Ruhe und Entspannung beim ›Palmieren‹.

Forme dazu deine Handflächen (engl. *palms* daher »palmieren«) zu einer Art Teller, und leg sie über die geschlossenen Augen. In dieser dunklen Geborgenheit können sich deine angestrengten Augen fallenlassen und ihre Anspannungen lösen.

Verstärke die Wirkung, indem du dir die Heilenergien vorstellst, die aus den Handchakren austreten und in deine Augen fließen. Wer Reiki kennt, weiß damit umzugehen, aber auch jedem anderen erschließen sie sich durch Übung und Kontinuität.

Nachdem du einige Male palmiert hast, wirst du bemerken, wie sich während des »Palmierens« die verspannten Augenmuskeln lösen und du anschließend klarer siehst. Es ist wichtig, daß du dich während des »Palmierens« nur mit positiven Gedanken und Vorstellungsbildern beschäftigt. Klammere alle »Sorgen«- und »Muß«-Gedanken aus. Sie bringen dir nur wieder Verspannung. Eine wohltuende Musikbegleitung ist auch heilsam.

5. Entspannung

Lerne, dich bewußt zu entspannen, alle Muskelverspannungen zu lösen und deinen Körper ganz loszulassen.
Wähle einen Ort, wo du in der nächsten halben Stunde garantiert ungestört bist; stell das Telefon leise, und deck es mit einem Kissen ab. Befestige ein Schild »Bitte nicht stören!« an deiner Tür, und leg dich bequem hin, mit einer Wolldecke zugedeckt.
Schließ die Augen, und beobachte deinen Atem. Stell dir vor, daß mit jedem Ausatmen Spannungen gelöst werden und mit jedem Einatmen neue Lebensenergie in deinen Körper hineinfließt. Laß deinen Atem sich langsam nacheinander in jedes deiner Körperteile ausdehnen und dort Spannungen ausatmen und Lebensenergie einatmen.
Beginn in den Füßen und ende im Kopf, in den Augen. Lerne, mit deiner Aufmerksamkeit bewußt in dem Körperteil zu sein, worauf du dich gerade mit dem Atem konzentrierst; mit der Zeit wird es dir immer besser gelingen.
Atme zum Abschluß durch deine Augen aus und ein, und laß den Atem mit einem »Mm …«-Laut weit hinausfließen.
Bevor du dich erhebst, laß den Atem wieder in alle Muskeln deines Körpers fließen, und beginn dann langsam wieder, dich zu bewegen. Balle zuerst die Hände zu

Fäusten und streck sie. Laß das Dehnen und Strecken sich auf den ganzen Körper ausweiten, und räkele dich genießerisch gähnend wie eine Katze nach dem Erwachen. Spüre, wie beim Gähnen deine Gesichtsmuskeln entspannt und die Augen feucht werden.

Fühl dich wohl in deinem ganzen Körper, und genieß es, so daß dieses Wohlgefühl sich bis in dein Denken hinein ausbreitet. Anschließend wirst du freudiger und konzentrierter deinen alltäglichen Geschäften nachgehen können.

6. Atem

Alle Menschen mit Sehproblemen haben auch Schwierigkeiten mit dem Atem. Sie atmen zu kurz oder zu flach, zu angespannt, zu eng im Brustbereich, der Atem stockt häufig, und die Sauerstoffzufuhr ist ungenügend, der Energiefluß unterbrochen und damit das Sehen schlecht. Sehen und Atem stehen in einem engen Zusammenhang. Deshalb ist es wichtig, daß du beginnst, deinen Atem zu beobachten.

Einige Male am Tag, egal womit du gerade beschäftigt bist, halte inne, und beobachte deinen Atem, so daß es dir langsam zur Gewohnheit wird, ihn immer wieder zu registrieren. Indem du ihm Aufmerksamkeit schenkst, wird er sich mit der Zeit verändern und ruhiger, regelmäßiger und weiter werden.

7. Sonnenbaden

Die Sonne ist – sinnvoll angewandt – unser größter Heiler. Ohne Sonnenlicht ist Leben auf der Erde unmöglich. Im körperlichen Bereich wirkt es belebend auf die Organe und steuert das Hormonsystem. Wir nehmen es zum Teil über die Haut auf, wo es Vitamin D zum Knochenaufbau erzeugt, der größte Anteil allerdings wird über den energetischen Strang der großen Sehnerven von den Augen direkt zur Hypophyse (Hirnanhangdrüse) im Kopf geleitet, der Hauptschaltzentrale des Hormonsystems im Körper. Von dort aus stärkt es das Immunsystem, fördert die Abwehrkräfte des Körpers, produziert streßabbauende Hormone, reguliert den Stoffwechsel und die Ausschüttung von Sexualhormonen. Es beeinflußt die Körperchemie in der Weise, daß unser Wohlbefinden gesteigert wird, und verbessert die Sehkraft. Nicht nur die Welt um uns herum wird heller, freundlicher, auch wir selbst fühlen uns wohler, fröhlicher und freundlicher.

Nimm dir, vor allem auch in der dunklen Jahreszeit, wenn die Sonne nur selten scheint, so oft wie möglich einige Minuten Zeit zum »Sonnenbaden«: Schließ die Augen, und laß den Kopf gegen den Uhrzeigersinn – zur Anregung der rechten Gehirnhälfte – um die Sonne kreisen. Als Hilfe stell dir wieder die Feder auf deiner Nasenspitze vor, die den äußeren Rand der Sonne kitzelt. Fühle, wie die Sonnenstrahlen durch die geschlossenen Augenlider in deine Augen eindringen und sanft und liebevoll die Netzhaut streicheln, wo sie die Erzeugung von Sehpurpur anregen, eine wichtige Substanz in den Sehzellen, notwendig, um die eintreffenden Lichtinformationen weiterzuleiten in die Sehrinde des Gehirns, wo die Bilder gestaltet werden.

Durch das »Sonnenbaden« wird auch die Lichtempfindlichkeit reduziert, so daß du bald auf die Sonnenbrille weitgehend verzichten kannst, die ihrerseits lebenswichtige Strahlen aus dem Gesamtlichtspektrum ausfiltert.

Außerdem wirst du feststellen, daß sich durch regelmäßiges Sonnenbaden die nächtliche Blendwirkung beim Autofahren vermindert, so daß du sicherer und müheloser fährst.

8. Fusion

Die »Fusion« mit der Perlenschnur ist ein herrliches Spiel, um einerseits die Blickpunkte beider Augen zur Deckung zu bringen, zu fusionieren, andererseits den Punkt der Aufmerksamkeit mit dem Punkt der Wahrnehmung zu verschmelzen.

Du brauchst dazu eine etwa zwei Meter lange farbige Schnur – später kannst du sie bei Bedarf verlängern – und farbige Holzperlen. Diese werden ab fünfzig Zentimetern im Abstand von zehn Zentimetern, ab einem Meter im Abstand von zwanzig Zentimetern fest in die Schnur geknotet. Auf den ersten fünfzig Zentimetern bewegst du eine Perle lose mit der Hand hin und her. Ein Ende der Schnur wird irgendwo in Augenhöhe befestigt, das andere hältst du an deine Nasenspitze, so daß die Schnur gestreckt ist.

Nun bewegst du die lose Perle auf den ersten fünfzig Zentimetern der Schnur langsam in unterschiedliche Abstände, indem du darauf achtest, daß dein Blick immer auf der Perle ruht. Beobachte, was du währenddessen von der Schnur wahrnimmst. Vielleicht erscheint ein X oder ein Y oder eine Linie? Deine Aufmerksamkeit ruht immer auf der Perle, egal, ob du sie nach vorn oder hinten schiebst.

Wenn beide Augen am Sehprozeß beteiligt sind, wirst du deine Schnur als X wahrnehmen, wobei der Schnittpunkt in der Perle liegt; wenn ein Auge nur teilweise mitspielt, nimmst du ein Y wahr; und wenn ein Auge sich ganz aus dem Sehprozeß ausschaltet, siehst du deine Schnur als einzelne Linie. Du wirst feststellen, daß sich dieser Zustand durch häufiges Spielen vorteilhaft verändert und du dein ausgeschaltetes Auge durch liebevolle Ansprache ermuntern kannst, sich mehr am Sehprozeß zu beteiligen.

Achte darauf, daß der Schnittpunkt der Schnur immer genau in der Perle liegt, so daß der Blickpunkt und der Aufmerksamkeitspunkt identisch sind.

Wenn du dich im Nahbereich sicher fühlst, läßt du deinen Blick weiter nach hinten von einer Perle zur anderen springen und freust dich an den jeweils wechselnden X-Schnittpunkten.

Hinterher solltest du die Augen zur Entspannung palmieren (siehe Übung 4)!

9. Posaunen

Für alle, die ihre Altersweitsichtigkeit verbessern oder sie gar nicht erleben wollen, empfehle ich das »Posaunen.« Es macht großen Spaß und ist sehr wirkungsvoll.

Du brauchst eine farbige Postkarte mit fröhlichem Motiv

und etwas Phantasie, um dir vorzustellen, daß du diese wie ein Posaunenspieler »spielst«, indem du sie vor deinen Augen nach hinten und vorn bewegst. Dabei ist es wichtig, auch die Posaunentöne zu erzeugen, damit die Sache richtig Spaß macht. Halt auch mal deine Augen abwechselnd zu, um sie einzeln anzuregen.

Bei diesem Spiel machen die Linsenringmuskeln eine wunderbare Gymnastik, die sie flexibel und kräftig halten, so daß sie die schwierige Aufgabe, die Linsen zu verändern, besser bewältigen können. Die Linsenakkomodation (Nah- und Ferneinstellung) wird im Alter erschwert durch Ablagerungen aus der Ernährung und durch das Nachlassen der Kräfte in den Ziliarmuskeln (Ringmuskeln).

Wenn du dieses Spiel kombinierst mit entgiftender Ernährung, hast du die Chance, bis ins hohe Alter ohne Lesebrille gut sehen zu können.

10. Bewegung – Cross Crowl

Zur Gehirnintegration gibt es inzwischen viele wirkungsvolle Körperübungen, wie sie beispielsweise in dem Buch *Brain-Gym* von P. und G. Dennison beschrieben werden (siehe Literaturverzeichnis). Ich stelle dir das »Cross Crowl« vor, da es die körperliche Bewegung mit der tänzerischen Freude kombiniert und viele Variationsmöglichkeiten eröffnet, die großen Spaß machen.

Wähle dir eine leichte Musik, wonach du gern tanzen magst, und beweg dich zuerst auf der Stelle, später im Raum, indem du abwechselnd mit der linken Hand das rechte Knie berührst und umgekehrt. Laß diese Bewegungen langsam immer tänzerischer und leichter werden, so daß es mehr Spaß macht.

Wichtig ist dabei, von der linken sowie der rechten Körperhälfte jeweils ein Glied gleichzeitig zu bewegen, so daß beide Gehirnhälften dabei mitarbeiten. Da die rechte Hemisphäre die Motorik der linken Körperseite steuert und umgekehrt, ist beim »Cross Crowl« gewährleistet, daß beide zusammenarbeiten, also integriert sind. Mit der Zeit wirst du die Wirkung durch bessere Konzentrations- und Denkfähigkeit sowie durch Ausgeglichenheit und Zufriedenheit in der Alltagsbewältigung spüren. Ganz nebenbei ist es eine Augenlockerung und verbessert die Sehkraft.

11. Zentralsehen

Beim »Zentralsehen« lernen die Augen, einen Gegenstand genau zu fixieren und dann wieder loszulassen. So wird der Blick bewußter und genauer, gleichzeitig aber das Starren aufgelöst, da die Kombination von An- und Entspannung es verhindert.

Nimm von einem Wandkalender die Fotografie einer Landschaft in die Hand, die dir gefällt, oder setz dich, wenn möglich, in eine blühende Wiese oder unter einen Baum mit Blättern, Blüten oder Früchten. Umzeichne (siehe Übung 1) einen Gegenstand konzentriert zirka eine Minute lang, schließ dann einen Moment die Augen, und wechsle über zu einem anderen, möglichst ähnlichen Gegenstand, den du wieder umzeichnest – und so fort.

Nach einiger Zeit werden dir die ähnlichen Gegenstände

regelrecht in die Augen springen und ihre Konturen sich klarer und deutlicher abheben. Es macht Spaß, auf diese Weise Bäume, Blätter, Blüten, Früchte, Gesichter, Augen, Münder und so weiter zu »zählen.« – Anschließend palmieren!

12. Kristalle als Helfer

Vielleicht hast du auch schon von den Heilkräften der Kristalle gehört, die bereits in den ältesten Kulturen der Menschheitsgeschichte zum Heilen eingesetzt wurden.
Da Kristalle die dichteste und präziseste Molekularstruktur der Materie besitzen, sind sie besonders befähigt, Energien zu speichern und auszustrahlen. Sie wirken weniger auf den stofflichen als auf den energetischen Anteil von Mensch, Tier und Pflanze.
Vergiß die Bücher für einen Moment, die du diesbezüglich vielleicht schon gelesen hast, und laß dich von einem Kristall oder Stein intuitiv »anziehen« mit der Frage: »Willst du mein Helfer sein?« Du wirst dich zu einem oder mehreren ganz besonders hingezogen fühlen. Diese nimm als deine Helfer an, und beschäftige dich zuerst mit ihnen, indem du dich in eine Art inneren Dialog mit ihnen begibst. Frag sie, wobei sie dir helfen wollen, wozu sie dir nutzen, wo und wann und wie du sie benutzen sollst, und lausche auf eine innere Antwort, die nicht vom Verstand kommt, sondern aus deinem Inneren. Mit ein wenig Geduld wirst du ihre Antwort schließlich erfahren und ihre Kräfte für dich nutzen können.

13. Erdung

Menschen mit Sehproblemen haben meistens auch Schwierigkeiten mit der »Erdung.« Abgesehen von der Bewältigung des Alltags kann richtige Erdung durch bestimmte Übungen unterstützt werden. Eine sehr wirkungsvolle ist folgende:

Stehe in einer kleinen Grätsche, die Füße parallel, die Knie etwas nachgebend, aufgerichtet in der Wirbelsäule – wenn möglich draußen auf dem Erdboden. Nach einigen Atemzügen laß deinen Schwerpunkt langsam immer tiefer sinken in deinem Körper bis in die Füße hinein. Spüre, wie er sich in deinen Füßen ausbreitet und den Fußsohlen festen Halt auf dem Boden gibt. Dann laß ihn noch tiefer sinken in die Erde hinein, immer tiefer – bis zum Mittelpunkt der Erde. Fühle dich standfest und geborgen auf der Erde, so daß dich nichts umwerfen kann. Atme ruhig und regelmäßig bis in den Mittelpunkt der Erde hinein.

Bleib dabei so lange, wie du magst, und hol dich dann langsam zurück in deinen Körper. Beende die »Erdung«, indem du einige Schritte durch den Raum machst und dich in den Unterschied zu vorher hineinspürst.

14. Kontaktaufnahme
mit geistigen Helfern

Geistige Helfer, Schutzengel oder -geister, geistige Heiler und innere Führer können dir auf deinem Lebensweg eine große Bereicherung und Hilfe sein.

Wenn du das Bedürfnis hast, einen von ihnen kennenzulernen, sorge dafür, daß du etwa eine Stunde Ruhe hast. Laß dich in die Entspannung gleiten, und bleib klar in deinem Bewußtsein. Begib dich in der Vorstellung zu einem deiner Lieblingsplätze, und bitte denjenigen deiner geistigen Begleiter, den du kennenlernen möchtest, dir dort zu erscheinen. Schieb deine kritischen Gedanken beiseite, und laß dich ganz auf das Vorstellungsgeschehen ein.

Wart ab, bis irgend jemand oder etwas erscheint, und bedank dich für sein Kommen. Frag nach seinen Aufgaben und in welcher Art er/sie/es dich unterstützt. Du kannst alles fragen, was du möchtest, und die Antworten aus deinem Inneren/Unbewußten »hören«. Zum Schluß bedank dich, nimm Abschied, und komm zurück in den Raum, fühl dich in deinem Körper, und registriere deinen Atem und deine Muskeln. Der Abschluß geschieht wie bei der Entspannung.

Diese Begleiter kannst du stets konsultieren; sie sind präsent, sooft du an sie denkst.

15. Gesichtsmassage

Zur Belebung und Spannungslösung der Augen- und Gesichtsmuskeln eignet sich vorzüglich eine Gesichtsmassage.

Beginne mit leichten Klopferchen der Fingerkuppen rund um die Augen herum auf den angrenzenden Knochen, also ausgehend vom Nasenbein, die Augenbrauen entlang nach außen, über die Wangenknochen zurück zur Nase. Wiederhole dies, solange es dir guttut, du erreichst auf diese Weise viele der um die Augen herum angesiedelten Akupressurpunkte, die über die Meridiane mit einzelnen Körperorganen verbunden sind.

Weite dann die Klopfkreise immer mehr nach außen aus, bis schließlich das ganze Gesicht durch leichtes Klopfen energetisiert ist. Du merkst es durch angenehme Wärme und gute Durchblutung, das Gesicht fühlt sich freier und offener an.

Zum Abschluß fahre einige Male mit den Fingerkuppen leicht über das ganze Gesicht und anschließend über die Kopfhaut nach hinten in den Nacken.

Diese Gesichtsmassage morgens gleich nach dem Aufwachen ist ein guter, belebender Start in den Tag.

16. Nah-fern-Schwingen

Das »Nah-fern-Schwingen« ist eine Erweiterung des »Posaunens« und hilfreich bei allen Sehschwierigkeiten. Die Augen kommen in Bewegung, und die Linsen verändern pausenlos den Brennpunkt von Nähe und Ferne; werden dadurch flexibler und anpassungsfähiger.

Wähl deinen Platz so, daß du einen Fixpunkt ganz in der Nähe sowie ganz in der Ferne hast. Verbinde jetzt diese beiden Punkte in der Vorstellung mit einer Art Drahtseilbahn, und laß den Blick daran hin- und hergleiten vom Nahpunkt zum Fernpunkt und zurück und so weiter. Richte dich mit dem Atem so ein, daß du mit dem Hinausgleiten aus- und mit dem Herankommen einatmest.

Wenn du dieses Spiel einmal eine halbe oder eine ganze Stunde ausdehnst, kannst du spontane Sehverbesserungen erleben. Anschließend palmieren!

Ich genieße dieses Sehspiel immer als Beifahrerin im

Auto, wo ich die Seitenlinien der Straße als Verbindung zwischen einem Auto oder Haus ganz weit vorn und dem Handschuhfachdeckel vor mir benutze.

17. Affirmationen

Affirmationen sind positive Leitsätze, die sich durch regelmäßige Wiederholung über einen langen Zeitraum in deinem Bewußtsein festsetzen (= lat. *affirmare*) und auf diese Weise mit der Zeit eine Neuprogrammierung deiner Verhaltensmuster erzeugen.

Sprich deine Affirmationen morgens gleich nach dem Aufwachen, mittags und abends kurz vor dem Einschlafen möglichst laut dreimal hintereinander, und sei dir des Inhalts bewußt. Nach zwei bis drei Monaten, wenn du die Wirkung spürst, stell dir neue Affirmationen zusammen. Achte darauf, daß sie positiv, also ohne Verneinung, und im Präsenz formuliert werden, zum Beispiel: »Ich bin gesund in Körper, Geist und Seele. Ich fühle mich wohl in meiner Arbeit und genieße mein Zuhause.« Oder: »Meine Augen sind gelöst und frei. Ich sehe von Tag zu Tag klarer und bewußter.« Oder: »Ich vertraue mich mehr und mehr meiner inneren Führung an und bin bereit, mein Gottselbst zu erkennen.«

18. Begegnung mit deinem Traumtier

Wenn du dich an deine Träume erinnern möchtest, empfiehlt es sich, zuerst dein »Traumtier« kennenzulernen, das dich hütet und bewacht.

Nimm dir dazu etwa eine Stunde Zeit und Ruhe mit der Gewißheit, ungestört zu bleiben, und laß dich zuerst in die Entspannung sinken. Je mehr dein Körper sich fallenläßt, desto klarer wird dein Bewußtsein. Registriere deinen Atem, und sammle seine Energie im Unterbauch. Laß diese sich verdichten und langsam die Form eines Tiers annehmen. Beobachte dieses Tier, lerne seine Gewohnheiten kennen: Wie und womit ernährt es sich? Wie und wo lebt es? Wie sieht sein Liebesspiel aus und die Entstehung und Aufzucht seiner Jungen?

Anschließend begrüße es und nähere dich ihm langsam. Bitte es, dir deine Träume freizugeben, und horch auf seine Antworten. Hast du einmal den Kontakt mit ihm hergestellt, kannst du jederzeit wieder mit ihm in Verbindung treten.

Anschließend werde dir deines Körpers und Atems wieder bewußt, und beende diese Übung genauso wie die »Entspannung.«

19. Phantasiereisen und Visualisationen – Garten des Unbewußten

Phantasiereisen und Visualisationen helfen dir, in Kontakt mit deinem Unbewußten zu kommen. Ihre Symbolbilder erschließen dir deine innere Welt und helfen dir, dich selbst besser kennenzulernen.

Wenn du Lust hast, mach dich auf in den Garten deines Unbewußten. Nimm dir etwa eine Stunde Zeit und Ruhe. Sorge dafür, daß du ungestört bleibst, und begib dich nach bekanntem Muster in die Entspannung. Je mehr dein Körper sich fallenläßt, desto klarer ist dein Geist.

In deiner Vorstellung erscheint jetzt eine Treppe mit sieben Stufen, auf der du dich langsam abwärts bewegst. Die erste Stufe ist violett, die zweite blau, die dritte türkis, die vierte grün, die fünfte gelb, die sechste orangefarben und die siebte rot. Verweile auf jeder Stufe einen Moment, und nimm die jeweilige Farbschwingung wahr.

Unten angekommen, stehst du vor einem Tor. Es ist das Tor zum Garten deines Unbewußten. Du bemerkst, daß es lange verschlossen war, und bemühst dich, es zu öffnen. Wenn es dir gelingt, trittst du ein und erkundest den Garten. Nimm dir Zeit dazu, und sieh dir alles genau an, ohne es zu bewerten. Nimm einfach nur wahr, was ist. Schau, welche Pflanzen du vorfindest und ob es auch Tiere dort gibt und wenn ja, welche. Beachte den Zustand des Gartens und überleg dir, was du dort tun könntest in der Zukunft. Verweile, solange du magst, und komm auf demselben Weg zurück. Sei dir deines Körpers und Atems wieder bewußt, und beende deine Phantasiereise, wie in der »Entspannung« beschrieben.

Anschließend mach dir alles Erlebte noch einmal bewußt, und hinterfrage, was es für dich bedeutet.

Literaturverzeichnis

Guy C. Burger: *Die Rohkost-Therapie*, Heyne Verlag, München 1988

Walter E. Butler: *Die hohe Schule der Magie*, Bauer Verlag, Freiburg [4]1989

Lucia Capacchione: *Die Kraft der anderen Hand*, Knaur-Tb 6011

G. und P. Dennison: *Brain-Gym*, VAK, Freiburg [4]1993

Paul Dennison: *Befreite Bahnen*, VAK, Freiburg [7]1992

Thorwald Dethlefsen und Rüdiger Dahlke: *Krankheit als Weg*, Goldmann Verlag, München 1993

Dr. John Diamond: *Der Körper lügt nicht*, VAK, Freiburg [8]1992

Ders.: *Die heilende Kraft der Emotionen*, VAK, Freiburg [7]1993

Ann Faraday: *Die positive Kraft der Träume*, Knaur-Tb 4119

Erhard Freitag: *Kraftquelle Unterbewußtsein*, Goldmann Verlag, München 1991

Patricia Garfield: *Kreativ träumen*, Knaur-Tb 4151

Geo-Wissen: »Chaos und Kreativität«, Nr. 2/1990, Gruner + Jahr Verlag, Hamburg

Janet Goodrich: *Natürlich Besser Sehen*, VAK, Freiburg [4]1993

Wolfgang Hätscher-Rosenbauer: *Schau Dich Klar*, Aviva Verlag, Frankfurt 1985

Aniela Jaffé: *Erinnerungen, Träume, Gedanken von C. G. Jung*, Rascher Verlag, Zürich und Stuttgart 1962

Alexander Lowen: *Bioenergetik*, Rowohlt Verlag, Reinbek 1988

Gitta Mallasz: *Die Antwort der Engel*, Daimon Verlag, Einsiedeln [6]1989

Fritz Minger: *Meditation ohne Geheimnis,* Drei Eichen Verlag, München [2]1984

Kenneth R. Pelletier: *Die neue Medizin,* Fischer Verlag, Frankfurt 1988

Marko Pogačnik: *Die Erde heilen,* Diederichs Verlag, München 1989

Wilhelm Reich: *Die Funktion des Orgasmus,* Kiepenheuer & Witsch Verlag, Köln 1987

Lisette Scholl: *Das Augenübungsbuch,* Rowohlt Verlag, Reinbek 1992

Shalila Sharamon und Bodo J. Baginski: *Das Chakra-Handbuch,* Windpferd Verlag, Aitrang [21]1992

John Selby: *Wieder klar sehen,* Simon + Leutner Verlag, Berlin 1983

José Silva und Philip Miele: *Silva Mind Control,* Heyne Verlag, München 1989

Adressen von Sehlehrern

Deutschland:

Elke Werkmeister
NBS*, Kinesiologie, Qi Gong
Tydal 2
24852 Eggebek
Tel. 0 46 09/15 61

Christiane Wolfes
Kinesiologie, Sehtraining
Schustehrusstraße 28
10585 Berlin
Tel. 0 30/3 41 38 25

Marianne Witt
NBS*, Kinesiologie
Heerdestraße 20
48149 Münster
Tel. 02 51/27 44 17

Wolfgang Hätscher-Rosenbauer
IST*, Gestalttherapie
Obergasse 16
61118 Bad Vilbel
Tel. 0 61 01/69 33

Micha Krenz
IST*, Radix
Wetzsteinstraße 5

35390 Gießen
Tel. 06 41/3 63 46

Wolfgang Gillessen
Koordinator für NBS*-LehrerInnen
Ettalstraße 42 a
81377 München
Tel. 0 89/7 14 08 14

Österreich

Ingrid Pferschy
NBS*
Hohlweggasse 32/1/5
1030 Wien
Tel. 02 22/79 22 12

Schweiz

Maya Hauser
NBS*, Shiatsu
Gasometerstraße 18
8005 Zürich
Tel. 01/44 65 80

Ruta Stocker
Selby
Alte Landstraße 62
8805 Richterswil
Tel. 01/7 80 96 09

* NBS = Natürlich Besser Sehen, IST = Integratives Sehtraining

ALTERNATIV HEILEN

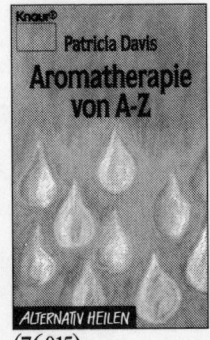